4

Découvertes

Das Trainingsbuch

Série jaune
Série bleue

von
Juliane Seeringer
Sarah Wiese

Ernst Klett Verlag
Stuttgart · Leipzig

Découvertes Band 4
Série jaune/Série bleue

Das Trainingsbuch

Audio-CD

Aufnahmeleitung:
Ernst Klett Verlag GmbH, Stuttgart
Produktion:
Bauer Studios GmbH, Ludwigsburg

Sprecherinnen und Sprecher:
Sylvie Eckert, Gilles Floret, Antoine Fombonne, Benoît Gourdin, Nathalie Karanfilovic, Lisa Sommerhalter
Presswerk:
Osswald GmbH & Co., Leinfelden-Echterdingen
Gesamtlaufzeit CD: 21'31

Bildquellennachweis
Fotolia.com (VRD), New York, **82.2;** shutterstock.com (LeS), **82.3;** (3Dsculptor/NASA), **110.1;** (Alain Lauga), **19.1;** (Alexander Raths), **50.2;** (Alexandr Shevchenko), **104.1;** (Allard One), **88.2;** (Andrew Buckin), **82.4;** (Anton Gvozdikov), **82.5;** (Artens), **50.3;** (Blazej Lyjak), **88.3;** (charnsitr), **73.1;** (Coprid), **82.7;** (design56), **82.8;** (Fer Gregory), **107.1;** (Fingerhut), **103.1;** (Fotofermer), **87.4;** (George Dolgikh), **34.1;** (grop), **108.1;** (Huston Brady), **101.2;** (imagedb.com), **87.5;** (kotkot32), **82.9;** (lavitrei), **101.2;** (LuckyImages), **20.1;** (marekuliasz), **87.1;** (Monkey Business Images), **37.1, 45.1;** (Morphart Creation), **105.1;** (nueng audok), **82.1;** (Nuttapong), **82.6;** (Pecold), **91.1;** (Pim), **21.1;** (Igor Plotnikov), **65.1;** (Portare fortuna), **101.1;** (schab), **87.3;** (StockLite), **50.4;** (thieury), **54.1;** (TyBy), **87.2;** (UnderTheSea), **88.1;** (Valentina Razumova), **87.6;** (Vhrsti), **101.3;** (zeljkodan), **50.1, 54.1;** (Zerbor), New York, **47.1;** Wiese Sarah, Hannover, **76.1, 76.2, 76.3, 76.4, 79.1**
Sollte es in einem Einzelfall nicht gelungen sein, den korrekten Rechteinhaber ausfindig zu machen, so werden berechtigte Ansprüche selbstverständlich im Rahmen der üblichen Regelungen abgegolten.

1. Auflage 1 7 6 5 4 3 | 22 21 20 19 18

Alle Drucke dieser Auflage sind unverändert und können im Unterricht nebeneinander verwendet werden. Die letzte Zahl bezeichnet das Jahr des Druckes.

Autorinnen: Juliane Seeringer, Hannover; Sarah Wiese, Hannover

Redaktion: Nathalie Karanfilovic
Herstellung: Sven Thamphald

Gestaltung: Satzteam 7, Bondorf
Illustrationen: François Davot, Troyes; Katja Rau, Fellbach
Druck: AZ Druck und Datentechnik GmbH, Kempten/Allgäu

Printed in Germany
ISBN 978-3-12-622224-2

9 783126 222242

Inhalt

Plattform

Module 1 France aller-retour

GRAMMATIK

WORTSCHATZ UND KOMMUNIKATION

Module 2 Au camping en Corse

GRAMMATIK

WORTSCHATZ UND KOMMUNIKATION

Module 3 Culture et technique

So arbeitest du mit dem Trainingsbuch

10 Dieser Inhalt entspricht nur der *Série bleue*.

Wenn du gründlich und umfassend trainieren willst:

- Sobald eine ***Unité*** oder einzelne Themen in der Klasse behandelt worden sind, arbeite alle Aufgaben nacheinander ab.

Wenn du *à la carte* arbeiten willst:

- Suche im Inhaltsverzeichnis nach dem betreffenden Thema, das du trainieren möchtest.

Hinweise zu den *Unités*

Grammatik

Hier findest du klare und komprimierte Darstellungen aller wichtigen Regeln, abwechslungsreiche Übungen sowie praktische Tipps.

Wortschatz

Mit spielerischen und textorientierten Aufgaben kannst du deinen Wortschatz absichern und vertiefen.

Hörverstehen

Zu jeder ***Unité*** werden dir 3 Übungstypen angeboten.

Hör-(Seh-)verstehen	Hier sollst du nicht alles, sondern nur das Wesentliche oder aber Einzelinformationen verstehen.
Hören und nachsprechen	Diese Aufgaben helfen dir, deine Aussprache zu verbessern.
Hören und schreiben	In diesem Abschnitt geht es mehr ums Detail und um die Orthografie.

Leseverstehen

In dieser Rubrik kannst du deine Kompetenzen an wirklichkeitsnahen Texten beweisen, bei denen du nicht alles, sondern das Wichtigste oder einzelne konkrete Informationen verstehen sollst.

Hinweise zur Plattform

Rückblick

Die wichtigsten Kapitel zu Grammatik und Wortschatz werden nochmals aufgegriffen. Stellst du noch Lücken fest, dann solltest du dir die entsprechenden Themen erneut vornehmen.

Einblick

Einige Besonderheiten werden genauer erklärt und in größeren Zusammenhängen dargeboten.

Ausblick

In diesem Teil findest du Schreib- sowie Sprachmittlungsaufgaben.

Hinweise zum Lösungsteil

Hier findest du:

- alle Lösungen oder Lösungsvorschläge,
- eine Übersetzung der unbekannten Begriffe aus den Hör- und Leseverstehenstexten,
- die vollständige Transkription aller Audioübungen, falls diese nicht direkt im Übungsteil vorhanden ist.

Symbole

Hör-(Seh-)verstehen

Unité 1

La France en fête / Festivals et fêtes en France

Das Plusquamperfekt

Das **Plus-que-parfait** wird verwendet, um über die Vorvergangenheit zu sprechen, das heißt, es geht um Handlungen, die zeitlich vor einem bestimmten Zeitpunkt in der Vergangenheit stattgefunden haben.

Plus-que-parfait ← Passé composé, Imparfait ← Présent

Das **Plus-que-parfait** wird aus einer konjugierten Form von **avoir** oder **être** im **Imparfait** und dem **Participe passé** gebildet. Für die Verwendung von **avoir** und **être** und die Veränderlichkeit des **Participe passé** gelten die gleichen Regeln wie beim **Passé composé**, das heißt, es richtet sich in Genus und Numerus nach dem Subjekt. Ebenso umschließen die Verneinungswörter wie gewohnt das konjugierte Verb.

Comme Catherine **avait gagné** beaucoup d'argent pendant les vacances, elle pouvait s'acheter un nouveau vélo.
*Da Catherine in den Ferien viel Geld **verdient hatte**, konnte sie sich ein neues Fahrrad kaufen.*

Quand Julie est arrivée, Pierre n'**avait** pas encore **fini** ses devoirs.
*Als Julie gekommen ist, **hatte** Pierre seine Hausaufgaben noch nicht **beendet**.*

1 Kreuze die **Plus-que-parfait**-Formen an.

- ☐ 1. vous aviez changé
- ☐ 5. nous nous sommes rencontrés
- ☐ 7. j'avais mangé
- ☐ 4. on avait vu
- ☐ 2. cela a changé
- ☐ 8. j'ai rencontré
- ☐ 11. il s'est réveillé
- ☐ 6. il avait faim
- ☐ 9. il a écrit
- ☐ 10. il est retourné
- ☐ 3. ils n'avaient pas dit

2 Setze die Verben ins **Plus-que-parfait**.

Infinitif	Plus-que-parfait
chanter	*elle avait chanté*
téléphoner	j'
finir	tu
venir	ils
se réveiller	nous
voir	il
rencontrer	vous
arriver	elle

3 Vervollständige die Sätze im **Plus-que-parfait**.

1. Quand Sophie est arrivée, les autres ________________ déjà ________________ **(partir)**.
2. Julien était très fatigué parce qu'il ________________ ________________ **(ne pas bien dormir)**.
3. Mes parents ont dit qu'ils ________________ **(voir)** le film deux fois.
4. Quand sa mère est revenue, Luc ________________ **(ranger)** sa chambre.
5. Elle ________________ bien ________________ **(se reposer)** pendant les vacances.
6. Elle n'a pas pu acheter le livre parce qu'elle ________________ ________________ **(ne pas emmener)** assez d'argent.

Die Hervorhebung mit *c'est ... qui/que*

Mit **c'est ... qui / que** kann das **Subjekt** eines Satzes (Frage Wer / Was?) hervorgehoben werden.
C'est Monique **qui** aime les films romantiques.
C'est Pierre **que** nous avons rencontré.

Vor **Nomen** im Plural und **eux / elles** können **c'est** oder **ce sont** stehen.
Damien et Léo? **C'est / Ce sont** eux qui adorent le foot.

Für **Personen** verwendet man die unverbundenen Personalpronomen **moi, toi, lui / elle, nous, vous, eux / elles**.
C'est **nous** qui **sommes** arrivés en retard.

Beachte: Das Verb im **qui**-Satz richtet sich nach dem hervorgehobenen Subjekt.

4 Kreuze die korrekte Form an.

1. C'est vous qui	☐ avez	☐ ont	un chat?
2. C'est moi qui	☐ a participé	☐ ai participé	au festival.
3. Ce sont elles qui	☐ m'ont appelé.	☐ m'a appelé.	
4. C'est lui qui	☐ as retrouvé	☐ a retrouvé	mon livre.

5 Vervollständige die Sätze mit **c'est ... qui** oder **c'est ... que / qu'**.

1. ________________ mes amies Chantal et Florence _______ ont organisé la fête.
2. ________________ cette photo _______ me plaît le plus.
3. ________________ devant l'entrée de l'école _______ j'ai retrouvé mon porte-monnaie.
4. ________________ avec Julie _______ je vais sortir samedi soir.
5. ________________ les films d'amour _______ je préfère.

6 Verwende die Hervorhebung mit **c'est ... qui / que** und beantworte die Fragen.

Beispiel: David a pris la photo? **(Magalie)**
– Non, c'est Magalie qui a pris la photo.

1. Tu as envie de voir le film de Brad Pitt? **(mes copines)**

   – Non, ____.

2. Ton petit frère a déjà vu «Royal de Luxe»? **(moi)**

   – Non, ____.

3. Tu t'intéresses au théâtre? **(mes amis)**

   – Non, ____.

4. Ils vont au festival avec leurs parents? **(avec leur frère)**

   – Non, ____.

5. C'est en été que le Festival de Cannes a lieu? **(au printemps)**

   – Non, ____.

Der Imperativ mit einem Pronomen

Beim **bejahten Imperativ** stehen die Pronomen **hinter dem Verb** und werden mit einem **Bindestrich** angeschlossen.
Statt **me** oder **te** stehen **moi** und **toi**.
Il faut que je me dépêche? – Oui, dépêche-**toi**!
Je fais un gâteau samedi? – Oui, fais-**le**.

Beim **verneinten Imperativ** entspricht die Wortstellung der eines Aussagesatzes. Die Pronomen stehen **vor dem konjugierten Verb**.
J'écris une lettre **à Sophie**? – Non, ne **lui** écris pas.
Je peux **vous** remercier? – Non, ne **nous** remercie pas. Ça nous a fait plaisir.

Achtung: Vor **en** und **y** wird beim bejahten Imperativ Singular der Verben auf **-er** und bei aller ein **-s** angehängt.
Va**s**-y! Parle**s**-en!

7 Bilde die Imperative und füge das passende Pronomen hinzu.

Marie	Les parents de Marie
Beispiel: Il faut que tu ranges *ton bureau*.	Range-le.
1. Il faut que tu *te* dépêches.	
2. Tu dois faire *tes devoirs*.	
3. Il faut que tu prépares *le dîner*.	
4. Tu dois aider *ta sœur*.	
5. Il faut que tu parles à *ta sœur*.	
6. Enfin, tu peux aller *au cinéma* ce soir!	

8 Verneine die folgenden Sätze.

1. Regarde-le. ____________________
2. Vas-y. ____________________
3. Parlons-en. ____________________
4. Attendez-nous. ____________________
5. Appelle-moi ce soir. ____________________

Das Relativpronomen *dont* (S. bleue)

Das Relativpronomen **dont** leitet einen Relativsatz ein und steht für **Ergänzungen mit de**. Es bezieht sich auf **Personen oder Sachen**. **Dont** ist **unveränderlich**. Häufig entspricht es „dessen" bzw. „deren". Das **Nomen**, auf das sich **dont** bezieht, steht immer **mit dem Artikel:**
C'est l'ami **dont le** père est médecin.

Die Wortstellung im Relativsatz mit **dont** ist immer **Subjekt-Verb-Objekt**.
C'est Monique **dont** tu connais déjà la sœur.
S (tu) V (connais) O (la sœur)
Bei Ausdrücken mit **de**, die ersetzt werden sollen, wird immer **dont** verwendet.
avoir besoin **de** – C'est l'argent **dont** j'ai besoin.
parler **de** – C'est le garçon **dont** tu as parlé hier.
être amoureux **de** qn – C'est la fille **dont** il est amoureux.

9

Verbinde die folgenden Sätze mit **dont**.

Beispiel: Tu vois le garçon? Je suis amoureuse **de ce garçon**.
Tu vois le garçon dont je suis amoureuse?

1. Nous avons vu un film intéressant. Les acteurs **de ce film** sont très connus.

____

2. J'ai acheté les livres. J'avais besoin **de ces livres**.

____

3. Jeanne a rencontré plusieurs acteurs. Elle a oublié les noms **de ces acteurs**.

____

4. C'était un festival. On va se souvenir **de ce festival**.

____

! Die Wortstellung im Relativsatz mit **dont** entspricht immer der Wortstellung im Aussagesatz.

10

Ergänze mit **qui**, **que** oder **dont**.

Les deux films ____________ j'ai achetés et ____________ n'étaient pas très chers sont intéressants. L'histoire du premier ____________ je me souviens bien est un peu compliquée. Il est question d'une belle femme ____________ tous les hommes adorent. Tout cela se passe dans une petite ville italienne ____________ personne ne connaît. Le deuxième film ____________ coûtait 9,99 € avait beaucoup plu à la critique ____________ avait parlé d'un film exceptionnel. Le jeune réalisateur ____________ j'ai oublié le nom était né à Cannes. Cette ville ____________ je connais très bien l'a sûrement inspiré parce que l'atmosphère joue un rôle important dans cette histoire.

Rund um das Festival in Cannes

11 Notiere die Wörter zu den folgenden Definitionen. Die eingekreisten Buchstaben verraten dir einen wichtigen Schauplatz in Cannes.

1. C'est une personne qui réalise par exemple un film ou une pièce de théâtre.

   → un _ _ _ _ _ _ _ _ _ _ _,

   une _ _ _ _ _ _ _ _ _ _ _ _ _

2. Le groupe de personnes qui décident qui gagne la Palme d'Or.

   → un _ _ _ _

3. Il s'agit d'une personne qui écrit des articles dans un journal.

   → un _ _ _ _ _ _ _ _ _ _ _

4. C'est ce que le Festival de Cannes est: tout le monde veut gagner et être le meilleur.

   → une _ _ _ _ _ _ _ _ _ _ _

5. Voilà un genre de film qui utilise des images dessinées.

   → un _ _ _ _ _ _ _ _ _ _ _

6. C'est un objet dont on a besoin pour filmer.

   → une _ _ _ _ _ _

7. Voilà une personne qui regarde un film au cinéma.

   → un _ _ _ _ _ _ _ _ _ _,

   une _ _ _ _ _ _ _ _ _ _ _

8. Karl Lagerfeld en est un.

   → un _ _ _ _ _ _ _ _ _ _ _ _ _ _ _

9. C'est une personne qui prend des photos.

   → un _ _ _ _ _ _ _ _ _ _ _

Ici, à Cannes, on peut rencontrer des stars

sur la _ _ _ _ _ _ _ _ _.

Neue Adjektive

12 Wähle das passende Adjektiv und achte auf die Angleichung.

suivant étranger haut géant international

nu médiatique ancien

1. Samedi soir, Elsa est rentrée très tard.
   Le jour ____________________, elle était fatiguée.
2. Le Festival de Cannes et la Berlinale sont des festivals ____________________ parce qu'il y a des réalisateurs de nationalités différentes qui y présentent leurs films.
3. Au zoo, Gina a vu un éléphant ____________________.
4. Ils ont réalisé une scène dans une ____________________ cathédrale du XVIe siècle.
5. Aujourd'hui, la compétence ____________________ est très importante.
6. Apprendre une langue ____________________ est parfois dur.
7. La tour Eiffel est très ____________________.
8. Ma petite sœur a quatre ans et elle aime se baigner ____________________.

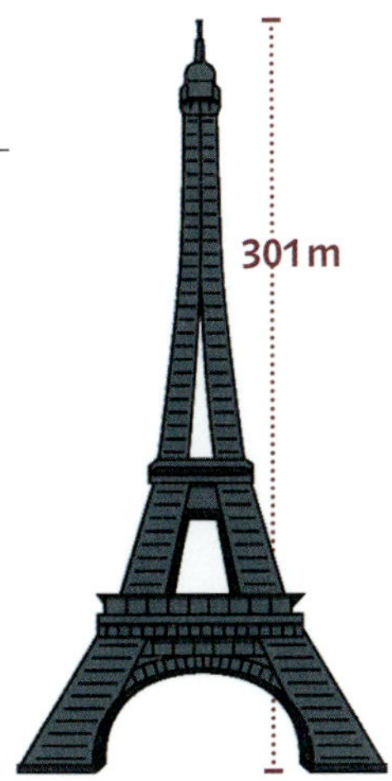

Kleine Wörter

13 Ergänze die folgenden Sätze mit den passenden Wendungen.

autant de | en bas de | par hasard | auprès de

1. Le nouveau film d'Astérix a eu un très grand succès ____________ mon petit frère.
2. A l'opéra, vous trouvez l'orchestre ____________ la scène.
3. Hier, j'ai fait du shopping et j'ai rencontré ____________ ma meilleure copine Hélène.
4. Léa a deux frères, Fabien aussi. Ils ont donc ____________ frères.

Wortfamilien

14 Suche zu den vorgegebenen Vokabeln Wörter der gleichen Familie.

Beispiel: l'habitant → verbe: habiter

1. la promenade → verbe: se _ _ _ _ _ _ _ _
2. l'adresse → verbe: s' _ _ _ _ _ _ _ _ à qn
3. se souvenir → nom: un _ _ _ _ _ _ _ _
4. la réservation → verbe: _ _ _ _ _ _ _ _
5. mélanger → nom: un _ _ _ _ _ _ _
6. le réalisateur → verbe: _ _ _ _ _ _ _ _
7. se renseigner → nom: un _ _ _ _ _ _ _ _ _ _ _ _ _
8. inconnu,e → verbe: _ _ _ _ _ _ _ _ _

In der Touristeninformation

15 Was sagt man, wenn man sich in der Touristeninformation nach etwas erkundigt? Übersetze.

1. Was kann man hier machen?

___

2. Könnten Sie mir sagen, wo ich das Museum finden kann?

___

___

3. Könnten Sie mir sagen, wie viel es kostet?

___

4. Wie lange dauert die Aufführung?

___

5. Wann kann man das Schloss besichtigen?

___

___

6. Könnten Sie mir sagen, ob es sich um ein Festival handelt, das sich auch an Jugendliche richtet?

___

___

___

___

___

Hören und verstehen

16 1

Julien und Lisa haben sich zu einem Videoabend getroffen und einen französischen Film angesehen. Im Anschluss sprechen sie über das, was sie im Film beeindruckt hat. Höre den Text, wenn nötig, auch mehrmals. Kreuze die richtigen Aussagen an.

1. Lisa fand den Film traurig und gleichzeitig lustig. ☐
2. Philippe kann sich seit einem Unfall nur noch wenig bewegen. ☐
3. Driss und Philippe profitieren voneinander. ☐
4. Driss ist ganz entspannt, als er das erste Mal fliegt, da er in einer wohlhabenden Familie groß geworden ist. ☐
5. Philippe interessiert sich für Fotografie und Kunst. ☐
6. Durch Philippe entdeckt Driss seine Liebe zur modernen Kunst. ☐
7. Am Ende organisiert Driss ein Rendez-vous für Philippe. ☐
8. Julien kann sich vorstellen den Film erneut anzuschauen, da die Leistung der Schauspieler hervorragend war. ☐

Hören und nachsprechen

17 2

Hier geht es um die Unterscheidung zwischen **Passé composé** und **Plus-que-parfait**. Hör genau hin und sprich die Sätze nach. Trage ein, ob in den folgenden Sätzen ein **Passé composé** (**Pc**) oder ein **Plus-que-parfait** (**Pp**) auftaucht.

1	2	3	4	5	6

Hören und schreiben

18 3 Hör dir den Text genau an und ergänze die fehlenden Wörter.

Depuis 1999, le ________________ des *Z'accros d'ma rue* ________________ au mois de juillet à Nevers. Tous les ans, plus de 50 ____________________ des arts de la rue ____ ici pour présenter leurs programmes. Elles y proposent des ________________________ tout à fait différentes de ________________, de cirque, de danse, mais aussi des ___________________ et des concerts. La plupart de ces spectacles sont ___________________. Le festival dure une semaine et ___________________ à tous les publics.

Informationen entnehmen

19 a In der Schule stellt ihr verschiedene deutsch-französische Schulprojekte vor. Du hast im Internet einen Flyer zu einem Filmprojekt gefunden, das dich interessiert. Lies den Text.

Septième art

Une rencontre franco-allemande autour du cinéma

«Septième art», c'est un projet qui s'adresse à tous les élèves de seconde d'une région française et d'un Land allemand.

De qui il s'agit?

Les élèves allemands découvrent un film français et les élèves français un film allemand. En même temps, ils apprennent à les analyser, les critiquer et en discutent ensemble, c'est donc un travail et un échange interculturel.

Comment ça se passe?

Chaque année scolaire, ce sont un film français et un film allemand qui sont choisis et qui forment le centre d'intérêt des rencontres entre ces classes franco-allemandes – il y en a six par pays.

Le jury Septième art

Cinq jeunes Français et Allemands forment un jury, dont le président est un réalisateur professionnel. C'est ce jury qui donne le prix «Septième art» à un film français et à un film allemand en compétition pour leurs qualités artistiques. Le prix «Septième art» permet le dialogue entre jeunes Français et jeunes Allemands qui aiment le cinéma. C'est au cours de festivals professionnels du film, comme le Festival de Cannes ou la Berlinale, qu'a lieu cette rencontre.

Alors, intéressé(e)?

b Beantworte die Fragen auf Französisch.

1. A quels élèves s'adresse le projet «Septième art» ?

____

____

2. Quels sont les films que les élèves peuvent voir?

____

____

3. Qu'est-ce que les élèves apprennent à faire pendant cette rencontre?

____

____

4. Combien de classes participent au projet?

____

____

5. Qui fait partie du jury «Septième art» ?

____

____

6. Où a lieu cette rencontre?

____

____

Unité 2
Un séjour à l'étranger? Avec plaisir!

Das *Conditionnel présent*

Das **Conditionnel présent** wird z. B. verwendet, um über Träume und Möglichkeiten zu sprechen. Auch Ratschläge können im **Conditionnel présent** gegeben werden. Es setzt sich zusammen aus dem **Stamm des Futur simple** und den **Endungen des Imparfait**.

Stamm des Futur simple: parler - (**ai**) +
Endungen des Imparfait: -ais / -ais / -ait / -ions / -iez / -aient

je parler**ais**
tu parler**ais**
il / elle / on parler**ait**
nous parler**ions**
vous parler**iez**
ils / elles parler**aient**

Die Ausnahmen sind die gleichen wie im **Futur simple**
(z. B. j'aurai → j'aurais).

1 **Futur simple** oder **Conditionnel présent**? Kreuze an.

	FS	CP
1. nous mangerons	☐	☐
2. vous mangeriez	☐	☐
3. je voudrais	☐	☐
4. nous pourrions	☐	☐
5. tu ferais	☐	☐
6. ils gagneront	☐	☐
7. on pourra	☐	☐
8. j'aurai	☐	☐

! *Futur simple* oder *Conditionnel?* Konzentriere dich auf die Endungen!

2 Bilde schrittweise die Formen des **Conditionnel présent.** Finde zunächst den Stamm des **Futur simple** und hänge dann die Endungen des Imparfait an.

Infinitiv	Stamm des Futur simple	Conditionnel présent
parler	parler-	je parlerais
manger	manger-	tu
faire	fer-	il
aller	ir-	nous
savoir		vous
pouvoir		ils
envoyer		j'
vouloir		tu
acheter		il
être		nous
devoir		vous
venir		ils

3

Vervollständige die Sätze mit den richtigen Formen des **Conditionnel présent.**

1. Passer une année en France - ce ____________ génial! — **être**

2. J'____________________ la langue française très vite et je pense que je ____________________ beaucoup de nouveaux amis. — **apprendre**, **trouver**

3. Peut-être que j'__________________ à l'école avec eux ou je _______________________ pour DeutschMobil. — **aller**, **travailler**

4. Je suis convaincu que ce travail me ___________________ beaucoup. — **plaire**

5. Bien sûr que ma famille et mes amis me ________________________, mais je suis sûr qu'ils m'____________________________ de temps en temps. — **manquer**, **appeler**

6. Et avec l'Internet, il n'y ____________ aucun problème. — **avoir**

7. Je leur ___________________ des mails et des photos chaque semaine. — **envoyer**

8. Oui, une année en France, ce __________________ vraiment très cool! — **être**

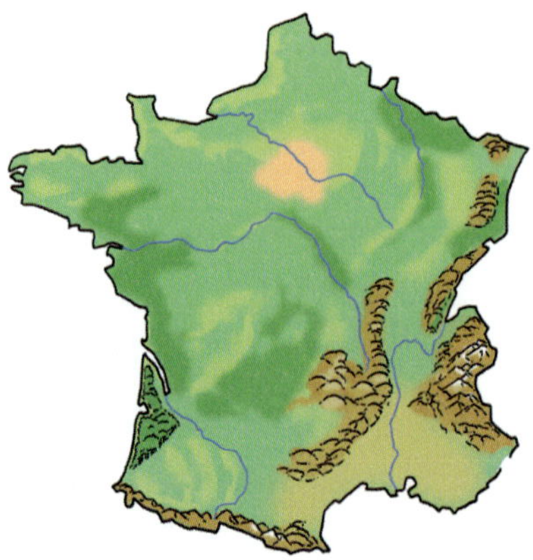

Der Bedingungssatz

Mit dem **Bedingungssatz (phrase conditionnelle)** drückt man aus, dass eine Bedingung erfüllt sein muss, damit eine bestimmte Folge eintreten kann.

Si-Satz	**Hauptsatz**
Si mes parents étaient d'accord,	j'irais en France pour six mois.
Wenn meine Eltern einverstanden wären,	*würde ich für sechs Monate nach Frankreich gehen.*
(Imparfait)	**(Conditionnel Présent)**

Merke: **Im si-Satz steht NIE das Conditionnel!**

4 Verwende die korrekte Zeitform im **Bedingungssatz.**

1. Si ce / c' ____________________ **(être)** possible, j'irais en France pour améliorer mon français.
2. Si j'avais l'argent, je / j' ____________________ **(acheter)** une nouvelle valise pour le voyage.
3. Je / J' ____________________ **(appeler)** ma famille d'accueil si j'avais leur numéro de téléphone.
4. Si mes parents ____________________ **(vouloir)** me rendre visite en France, ils pourraient même venir en train.

! Die goldene Regel lautet:
Nach dem **si** kommt nie ein **r**.

Das *Conditionnel passé* (S. bleue)

Das **Conditionnel passé** wird vor allem im irrealen Bedingungssatz verwendet, um auszudrücken, was man hätte tun können. Die Erfüllung der Bedingung ist jedoch nicht mehr möglich, da sie in der Vergangenheit liegt.

Das **Conditionnel passé** setzt sich zusammen aus dem **Conditionnel présent** von **avoir** oder **être** und dem **Participe passé.** Bei den Verben, die mit **être** konjugiert werden, muss das **Participe passé** angeglichen werden.

Conditionnel présent von *avoir* / *être*	**Participe passé**
j'aurais	regardé
tu serais	parti(e)
il / elle / on aurait	fait
nous serions	venu(e)s
vous auriez	travaillé
Ils / elles seraient	arrivé(e)s

5 Vervollständige die Tabelle mit den Formen des **Conditionnel Passé.**

	je / j'...	tu...
manger	aurais mangé	aurais mangé
venir		serais venu(e)
être		
	nous	**vous**
mettre		
pouvoir		
vouloir		
	il / elle	**ils / elles**
savoir		
venir		
faire		

6

Verwende die korrekte Form des **Conditionnel passé.**

1. Si seulement je lui avais demandé, elle ______________________________ ________________ **(venir)** un peu plus tôt.
2. Si elle avait passé trois mois à l'étranger, elle ______________________________ ________________ **(avoir)** de meilleures notes en français au bac.
3. Si tu m'avais demandé, je ______________________________ **(aller)** au cinéma avec toi pour voir «Intouchables».
4. Si les autres n'avaient pas mangé toutes les pizzas, ils ________________ ________________ **(ne ... pas / avoir)** faim.
5. Si nous avions eu assez d'argent, nous ______________________________ ________________ **(acheter)** plus de fringues.
6. S'il en avait entendu parler avant, il ______________________________ ________________ **(participer)** au programme Brigitte Sauzay.

! Vergiss nicht: Bei den Verben, die mit *être* konjugiert werden, muss das *Participe passé* angeglichen werden.

Die Inversionsfrage

In der **Inversionsfrage, die vor allem im geschriebenen Französisch verwendet** wird, werden Subjekt und Verb miteinander vertauscht (Inversion) und mit einem Bindestrich verbunden:

Vous travaillez pour DeutschMobil.
Travaillez-vous pour DeutschMobil?

Treffen bei der Inversion zwei Vokale aufeinander, so wird ein zusätzliches „**t**" eingefügt, das die Aussprache erleichtert:

Il a envie de passer quelques mois à l'étranger.

A-t-il envie de passer quelques mois à l'étranger?

7 Kreuze die Inversionsfragen an.

1. Depuis quand est-ce qu'il apprend le français?
2. Voulez-vous faire un stage en France?
3. Quand est-ce que tu as posé ta cadidature à l'OFAJ?
4. Penses-tu que la colocation est un avantage à l'étranger?
5. Va-t-elle partir avec le programme Voltaire?
6. Depuis quand organisent-ils des soirées franco-allemandes?
7. Pourquoi est-ce que tu veux aller à l'étranger?

Das *Participe Présent* (S. bleue)

Das **Participe présent** wird vor allem in der geschriebenen Sprache verwendet, um Relativsätze mit *qui* oder Nebensätze mit *comme* und *parce que* zu ersetzen.

Stamm der 1. Person Pl. Präsens: **arriv**-ons + Endung: -**ant** → arrivant

Beispiele: habit**ant**; commen**çant**; mang**eant**, appel**ant**, achet**ant** …

Sonderformen: être → **étant**, avoir → **ayant,** savoir → **sachant**

8 Ersetze die markierten Satzteile durch eine **Participe présent**-Konstruktion.

1. **Parce qu'elle s'intéresse** à la France, elle aimerait bien faire un stage à Paris.

   ____

2. Julie, **qui a fait beaucoup pour l'échange**, organise une soirée allemande.

   ____

3. **Comme elle ne voulait pas** se sentir seule, elle a décidé d'habiter en coloc.

   ____

4. **Parce qu'elle a passé** deux ans à Montpellier, elle n'a presque plus d'accent.

   ____

5. Driss, **qui vient d'un quartier pauvre** de Paris, est au chômage.

   ____

Das Verb *s'asseoir*

S'asseoir ist ein reflexives Verb, das nach folgendem Muster konjugiert wird:

Präsens: je m'assois, tu t'assois, il / elle / on s'assoit,
nous nous asseyons, vous vous asseyez, ils / elles s'assoient

Imperativ: Assieds-toi. / Asseyez-vous.

Futur simple: Je m'assiérai.

Passé composé: Je me suis assis(e).

Conditionnel présent: Je m'assiérais.

„sitzen": être assis / e

9 Ergänze mit den Formen von **s'asseoir** im Présent oder Imperativ.

1. Bonjour Madame, ______________________________, s'il vous plaît!
2. Restez ______________________________, les enfants!
3. Regarde les gens qui ______________________________ devant la tour Eiffel.
4. Je ______________________________ à côté de ma meilleure amie.

Definitionen

10 Löse das Kreuzworträtsel.

1. C'est la capitale de l'Autriche.
2. Il n'est ni enfant, ni adulte. C'est un …
3. Une personne qui travaille dans une entreprise. C'est …
4. Quelqu'un qui n'a pas de travail est au …
5. Les gens qui vont à l'université sont des …
6. C'est une grande fête religieuse en décembre.

Lösungswort:

1	R	3	4	5	6	7	8	9	R

Austausch und Jobs

11 Bringe den Buchstabensalat in Ordnung und ergänze die Lücken.

Salut, je m'appelle Maria et j'ai passé quelques mois en France avec le ____________ **(mpgrarome)** Sauzay. C'était vraiment un grand ____________ **(laprisi).** J'étais en Languedoc-Roussillon, une région qui est ____________ **(étusie)** au sud de la France, au bord de la ____________ **(néiterrMédae).** Quand j'ai posé ma ____________ **(aturendcadi)** pour le programme Sauzay, je n'étais pas très optimiste, mais j'ai eu de la chance. Dès le **(utdéb)** ____________ tout le monde était très sympa, surtout ma famille d' ____________ **(accilue).** Pour moi, vivre en ____________ **(olocconati)** n'était pas une option - c'est pas mon truc! Je peux vous donner seulement un ____________ **(onsecil).** Allez à l'étranger et faites vos propres ____________ **(ceexpériens).**

12 Verbinde die Verben mit den passenden Jobs.

1. distribuer	a) du baby-sitting
2. garder	b) des journaux
3. faire	c) des animaux
4. réparer	d) du soutien scolaire
5. faire	e) animateur / animatrice
6. être	f) des vélos

13 Finde die Wörter, die sinngemäß in die Lücken passen.

1. Airbus est une grande e _ _ _ _ _ _ _ _ _ internationale.
2. Après avoir posé ma candidature à Airbus, ils m'ont invité à un e _ _ _ _ _ _ _ _ _ ' _ _ _ _ _ _ _ _.
3. Malheureusement, on ne lui a pas donné l'emploi: il a eu u _ _ _ _ _ _ _.
4. Si on veut parler sans _ _ _ _ _, il faut passer quelques mois à l'étranger.
5. Je n'habite pas seul, j'ai deux c _ _ _ _ _ _ _ _ _ _ _ _.

Lösungswort:

un [ ]1 [ ]5 [ ]4 [ ]2 [ ]3 [ ]5 [ ]3

Beim Austausch

14 Was sagt man in folgenden Situationen?

1. Du fragst jemanden, ob er dir einen Rat geben kann.

___

2. Du bittest jemanden, sich zu setzen.

___

3. Du sagst, dass du seit einiger Zeit einen Mitbewohner suchst.

___

4. Du sagst, dass du in der Lage bist, Fahrräder zu reparieren.

___

5. Du sagst, dass du im Juli ein Bewerbungsgespräch hast.

___

Arbeit und Berufe

15 Suche die Wörter aus dem Bereich Arbeit und Berufe und trage sie unten (mit Artikel) ein.

E	N	T	R	E	P	R	I	S	E	E
L	E	M	P	L	O	Y	E	E	V	A
R	Y	N	I	G	E	T	U	D	E	S
B	S	I	G	N	E	R	U	R	S	M
C	A	N	D	I	D	A	T	U	R	E
V	E	L	O	N	M	V	I	E	N	T
S	T	A	G	E	L	A	I	S	O	I
C	I	N	G	É	N	I	E	U	R	E
R	E	F	U	S	F	L	I	G	N	R

Hören und verstehen

16 Julie ist in Deutschland. Hör gut zu und beantworte folgende Fragen.

4

	vrai	faux
1. Julie participe au programme Brigitte Sauzay et passe un mois en Allemagne.	☐	☐
2. La région où elle passe son séjour se trouve près de Berlin.	☐	☐
3. Emilia, la fille des Schulz, joue du piano et aime les chevaux.	☐	☐
4. Julie ne se sent pas bien chez les Schulz.	☐	☐
5. Emilia a une petite sœur.	☐	☐
6. Julie a encore des problèmes à l'école parce qu'elle a un accent.	☐	☐
7. Julie aime les horaires à l'école allemande.	☐	☐

Hören und nachsprechen (S. bleue)

17
5

Hier geht es um die Unterscheidung verschiedener Zeitformen. Hör nun genau hin und entscheide zunächst, um welche Zeitform es sich handelt. Kontrolliere deine Ergebnisse mit Hilfe des Lösungsteils. Hör die Zeitformen in einem zweiten Schritt noch einmal an und sprich sie nach.

	1	2	3	4	5	6	7	8	9	10
Passé composé	☐	☐	☐	☐	☐	☐	☐	☐	☐	☐
Futur simple	☐	☐	☐	☐	☐	☐	☐	☐	☐	☐
Conditionnel présent	☐	☐	☐	☐	☐	☐	☐	☐	☐	☐
Conditionnel passé	☐	☐	☐	☐	☐	☐	☐	☐	☐	☐
Imparfait	☐	☐	☐	☐	☐	☐	☐	☐	☐	☐

Hören und schreiben

18
6

Hör dir den Text an, einmal am Stück, dann Satz für Satz. Schreibe ihn bei einem dritten Durchgang auf. Achte hierbei besonders auf die passenden Verbindungen. Hör dir den Text am Ende noch einmal ganz an und kontrolliere deine Niederschrift.

____

____

____

____

____

____

____

____

____

____

____

Informationen entnehmen

19 a Julien möchte sich bei einem Austauschprogramm bewerben.
Lies seinen Bewerbungsbrief.

Madame, Monsieur,

Suite à votre annonce publiée sur votre site, je me permets de vous adresser ma candidature pour participer à votre programme d'échange.

J'ai 16 ans et je suis élève au collège Kléber à Haguenau en Alsace. J'apprends l'allemand depuis cinq ans et je parle parfois alsacien avec mes grands-parents. C'est un dialecte qui ressemble beaucoup à la langue allemande. Mais mon allemand n'est pas très bon. C'est pourquoi j'aimerais passer quelques mois en Allemagne, mais aussi pour rencontrer de nouveaux amis.

Ce qui m'intéresse, ce sont les ordinateurs et les avions. J'adore jouer aux jeux vidéo, mais j'aime aussi travailler en équipe. Je joue d'ailleurs dans une équipe de foot depuis mon enfance!

Pour plus tard, mon rêve serait de travailler dans une grande entreprise internationale, comme Airbus. Mais peut-être que c'est encore trop tôt pour y penser …

Si je pouvais passer quelques mois dans une école allemande, cela m'offrirait la possibilité de faire des progrès rapides non seulement en allemand mais aussi dans toutes les autres matières: les maths, la géo, le sport … Quand mon père était jeune, il a passé une année en Angleterre et il en parle encore beaucoup. Je suis sûr qu'un séjour à l'étranger est une expérience dont on profite toute la vie. Mais je dois admettre que j'ai aussi un peu peur à cause de la langue, mais aussi à cause des autres différences culturelles … Je n'ai pas l'habitude par exemple de manger du fromage au petit déjeuner …
Je suis convaincu qu'un séjour à l'étranger me permettra de découvrir la culture allemande, d'élargir mon horizon et de trouver des amis pour la vie.

Dans l'espoir d'une réponse positive, veuillez agréer, Madame, Monsieur, mes salutations distinguées.

Julien

b Richtig oder falsch? Kreuze die richtige Antwort an.

	vrai	faux
1. Julien souhaiterait trouver un job en Allemagne.	☐	☐
2. Comme Julien vient d'Alsace, il parle déjà très bien l'allemand.	☐	☐
3. S'il le pouvait, il aimerait travailler plus tard pour Airbus.	☐	☐
4. Pour Julien, aller en Allemagne, ce serait seulement un moyen pour faire des progrès rapides en allemand.	☐	☐
5. Les parents de Julien ont aussi passé une année à l'étranger.	☐	☐
6. Julien pense qu'un séjour à l'étranger est une bonne expérience.	☐	☐
7. Julien a un peu peur pour son séjour en Allemagne.	☐	☐
8. Il aimerait participer au programme pour pouvoir rencontrer aussi de nouveaux amis.	☐	☐

Unité 3
France-Allemagne: Quelle histoire!

Die Bildung des *Subjonctif*

Der **Subjonctif** ist eine Verbform, die in Nebensätzen mit **que** steht. Die Subjonctif-Formen bei nous und vous sind dieselben wie im Imparfait. Die übrigen Formen werden vom Stamm **3. Pers. Pl. Präs.** abgeleitet. Die **Endungen** lauten: -e / -es / -e / -ions / -iez / -ent

il faut que / qu'	je	**parl**e
	tu	**parl**es
	il / elle	**parl**e
	nous	**parlions**
	vous	**parliez**
	ils / elles	**parl**ent

Sonderformen:

avoir	que j'**aie**	que nous **ayons**	qu'ils **aient**
être	que je **sois**	que nous **soyons**	qu'ils **soient**
faire	que je **fasse**	que nous **fassions**	qu'ils **fassent**
aller	que j'**aille**	que nous **allions**	qu'ils **aillent**
pouvoir	que je **puisse**	que nous **puissions**	qu'ils **puissent**
savoir	que je **sache**	que nous **sachions**	qu'ils **sachent**
vouloir	que je **veuille**	que nous **voulions**	qu'ils **veuillent**

1 Finde die Formen des **Subjonctif**.

F	A	S	S	E	S	M	A	V	M	A
R	V	S	M	L	T	A	L	T	X	Y
P	U	I	S	S	E	N	L	L	U	O
X	P	A	R	L	E	G	I	R	S	N
S	O	I	S	P	U	E	E	V	A	S
P	R	E	N	N	E	S	Z	X	C	Q
V	E	N	I	O	N	S	S	S	H	J
B	S	T	R	E	N	T	E	L	E	N
P	A	R	L	E	N	T	V	R	S	M

Il faut que / qu'…

1. **faire** je ______
2. **manger** tu ______
3. **pouvoir** elle ______
4. **parler** ils ______
5. **être** je ______
6. **prendre** tu ______
7. **venir** nous ______
8. **savoir** tu ______
9. **avoir** nous ______
10. **aller** vous ______

Der Gebrauch des *Subjonctif*

Den **Subjonctif** gibt es im Deutschen nicht. Er wird im Französischen durch bestimmte Ausdrücke ausgelöst. Dazu gehören z. B. Ausdrücke …

a) des Willens
b) der Notwendigkeit
c) des Gefühls
d) der Beurteilung

Ausnahmen:
Der Indikativ steht nach folgenden Ausdrücken:

je trouve que, je pense que, je crois que, j'espère que,
je suis convaincu(e) que, je suis sûr(e) que

2 Handelt es sich um Auslöser des **Subjonctif** oder des Indikativ? Kreuze an.

	Subjonctif	Indicatif
1. j'ai peur que	☐	☐
2. je pense que	☐	☐
3. je trouve génial que	☐	☐
4. je suis surpris(e) que	☐	☐
5. ça m'énerve que	☐	☐
6. je suis convaincu(e) que	☐	☐
7. j'espère que	☐	☐
8. je suis sûr(e) que	☐	☐
9. j'accepte que	☐	☐
10. il faut que	☐	☐
11. je veux / voudrais que	☐	☐
12. je déteste que	☐	☐

3 Setze die richtige Form ein: **Indicatif présent** oder **Subjonctif**?

1. Ça m'énerve qu'il y ______________________ **(avoir)** autant de clichés dans le monde.
2. Je suis surprise que vous ______________________ **(parler)** français sans accent.
3. Je suis sûr que les corres ______________________ **(être)** sympas.
4. J'espère qu'on ______________________ **(pouvoir)** visiter la tour Eiffel aujourd'hui.
5. J'ai peur que personne ne me ______________________ **(comprendre)**.
6. Il est absolument normal que vous ______________________ **(avoir)** peur.
7. Il est important qu'on ______________________ **(connaître)** la culture du pays d'accueil.
8. Je voudrais qu'on ______________________ **(faire)** une journée franco-allemande à la fin de la semaine.
9. Je pense que les clichés ______________________ **(pouvoir)** aider à identifier des gens d'autres pays.
10. Je trouve génial que Luc ______________________ **(venir)** déjà dans dix jours.

Das Verb *(se) battre*

Präsens:	je (me) bats, tu (te) bats, il / elle / on (se) bat, nous (nous) battons, vous (vous) battez, ils / elles (se) battent
Passé composé:	j'ai battu
Imparfait:	je battais
Futur simple:	je battrai
Conditionnel présent:	je battrais
Subjonctif:	que je batte
Imperativ:	Bats …, Battons …, Battez …

4 Vervollständige mit den Formen von **se battre** und den Personalpronomen.

1. _ _ u _   _ _ _ _   _ _ _ _ _ _ _
2. _ _ _ e   _ _   _ _ _
3. _ _ s   _ _   _ _ _ _ _ _ _
4. j _   _ _   _ _ _ _
5. v _ _ s   _ _ _ _   _ _ _ _ _ _

Das Verb *(con)vaincre*

Präsens:	je convaincs, tu convaincs, il / elle / on convainc, nous convainquons, vous convainquez, ils / elles convainquent
Passé composé:	j'ai convaincu
Imparfait:	je convainquais
Futur simple:	je convaincrai
Conditionnel présent:	je convaincrais
Subjonctif:	que je convainque
Imperativ:	Convaincs …, Convainquons …, Convainquez …

5 Setze die richtigen Formen des Verbs **convaincre** ein.

1. Je suis absolument ______________________ que les Bleus vont gagner.
2. Je suis désolé, mais comme ça, tu n'arrives pas à me ______________________.
3. Madame, vous me ______________________ vraiment chaque fois!
4. Il faut que je le ______________________.
5. Si nous lui disons la vérité, je suis sûr que nous le ______________________.

Fragen mit *qu'est-ce qui* usw.

Frage nach Personen

Mit **Qui est-ce qui** fragt man nach **Personen**, die **Subjekt** sind. (**Wer?**)
Qui est-ce **qui** va t'aider? (Subjekt) *Wer wird dir helfen?*

Mit **Qui est-ce que** fragt man nach **Personen**, die **direktes Objekt** sind. (**Wen?**)
Qui est-ce **que** tu as rencontré? (Objekt) *Wen hast du getroffen?*

Frage nach Sachen

Mit **Qu'est-ce qui** fragt man nach **Sachen**, die **Subjekt** sind. (**Was?**)
Qu'est-ce **qui** est dangereux au Mont-Saint-Michel? *Was ist … gefährlich?*
Qu'est-ce **qui** te dérange? (Subjekt) *Was stört dich?*

Mit **Qu'est-ce que** fragt man nach **Sachen**, die **direktes Objekt** sind. (**Was?**)
Qu'est-ce **que** tu fais ici? (Objekt) *Was machst du hier?*

Qui (Person) → **est-ce que** → **qui** (Subjekt)
Qu' (Sache) → **est-ce que** → **que** (Objekt)

! Tipp:
Vorn fragt **Qui** immer nach Personen, **Qu'** immer nach Sachen.
Hinten fragt **qui** immer nach dem Subjekt und **que** immer nach dem direkten Objekt.

6 Subjekt oder Objekt? Wonach wird gefragt?

	Subjekt	Objekt
1. Qu'est-ce qui te plaît?	☐	☐
2. Qu'est-ce que tu aimes?	☐	☐
3. Qui est-ce qui a fait ce gâteau?	☐	☐
4. Qui est-ce que tu connais mieux?	☐	☐
5. Qu'est-ce que c'est?	☐	☐

7

Bilde die richtige Frage.

1. ______________________________ tu fais ce soir?
2. À l'école, ______________________________ te gêne le plus?
3. ______________________________ tu préfères, le rock ou le hip-hop?
4. Zaz ou Stromae? ______________________________ te plaît le mieux?
5. Si tu pouvais visiter l'Allemagne, ______________________________ t'intéressait là-bas?
6. Neuer ou Lloris, ______________________________ a mis le plus de buts?
7. Habiter seul ou en colocation? ______________________________ tu préfères?
8. Ton prof de maths ou ton prof de français, ______________________________ est plus sympa?

8

Bilde die passende Frage zu der gegebenen Antwort.

Beispiel: **Ce mec** m'énerve énormément.
Qui est-ce qui t'énerve énormément?

1. Je veux regarder **«Intouchables»**.

   ____?
2. Je trouve **Karim Benzema** plus cool que Paul Pogba.

   ____, Benzema ou Pogba?
3. Ce soir, je vais manger **une pizza**.

   ____?
4. **Le guide** nous a montré la tour Eiffel.

   ____?
5. En France, **les Calanques de Marseille** m'ont vraiment fascinées.

   ____?

9 Du unterhältst dich mit deinem französischen Austauschpartner und stellst ihm verschiedene Fragen. Wie stellst du folgende Fragen auf Französisch? Du willst wissen …

1. … was für ihn wichtig ist.

____?

2. … was er gern isst.

____?

3. … was er am Wochenende macht.

____

____?

4. … was ihn am meisten interessiert, Musik oder Sport.

____

____?

5. … wen er in Deutschland kennt.

____?

Klischees

10 Finde die passenden Wörter und ergänze das Kreuzworträtsel.

Les ________________ (1) existent depuis toujours. Par exemple, pas mal de gens pensent que boire de la ________________ (2) ou manger de la ____________________ (3) c'est typiquement allemand. Ou alors, que le Français ________________ (4) mange toujours des baguettes. Mais souvent, ces idées sont nées dans un ________________ (5) rigide. Souvent, il vaut mieux apprendre à connaître l'autre et à se battre contre les clichés avant de ________________ (6) quelqu'un. C'est comme ça qu'on va avoir une ________________ (7) positive de l'autre.

Deutsch-französische Beziehungen

11 Übersetze folgende Begriffe.

1. Pendant la ______________________________ **(Zweiter Weltkrieg)**, l'Allemagne a ______________________ **(besetzt)** une partie de la France. On appelle cette partie la zone occupée.
2. A cette époque, de nombreuses personnes ont ______________________ ______________________________ **(dem Feind Widerstand leisten)**.
3. Après la signature du ______________________________ **(Elysée-Vertrag)** en 1963, on a fondé l'OFAJ qui a renforcé l'amitié franco-allemande.
4. ARTE est une ______________________________ __________________ **(deutsch-französischer Fernsehsender)** qui existe grâce à la ______________________ **(Zusammenarbeit)** des deux pays.
5. Angela Merkel est la première ______________________ **(Kanzlerin)** d'Allemagne.
6. Pour mieux comprendre les __________________ **(Klischees)** des deux pays, on a fait ______________________ **(eine Umfrage)** parmi les __________________ **(Franzosen)** et les Allemands.

12

Verbinde die Verben mit den passenden Handlungen.

1. signer
2. avoir
3. occuper
4. traverser
5. déclarer

a) des périodes difficiles
b) la guerre à qn
c) un traité
d) un pays
e) une image positive de …

Wortfamilien

13

Finde zu den vorgegebenen Wörtern andere Wörter der gleichen Wortfamilie. Wenn du nicht weiter weißt, nimm ein Wörterbuch zur Hilfe.

Beispiel: la coopération → verbe: *coopérer*

1. se réconcilier → nom: la _ _ _ _ _ _ _ _ _ _ _ _ _ _ _
2. la création → verbe: _ _ _ _ _
3. occuper → nom: _' _ _ _ _ _ _ _ _ _ _ _
4. la Résistance → verbe: _ _ _ _ _ _ _ _ _ à qn
5. produire qc → nom: _ _ _ _ _ _ _ _ _ _
6. un refus → verbe: _ _ _ _ _ _ _ qc
7. la bataille → verbe: _ _ _ _ _ _ _ _
8. mourir → nom: _ _ _ _ _ _
9. vouloir → nom: _ _ _ _ _ _ _ _ _
10. sentir → nom: _ _ _ _ _ _ _ _ _ _ _
11. juger qn → nom: _ _ _ _ _ _ _ _ _ _

Lösungswort:

l' _ _ _ _ _ _ _ _ _ _ (1, 8, 5, 7, 11, 3, 4, 9, 2, 10)

14

Handelt es sich um Antonyme (≠) oder Synonyme (=)? Kreuze an.

	≠	=	
1. lutter	☐	☐	se battre
2. la naissance	☐	☐	la mort
3. la paix	☐	☐	la guerre
4. un adulte	☐	☐	un enfant
5. un cliché	☐	☐	un stéréotype

Geschichte

15

Finde die Namen für die jeweiligen historischen Ereignisse.

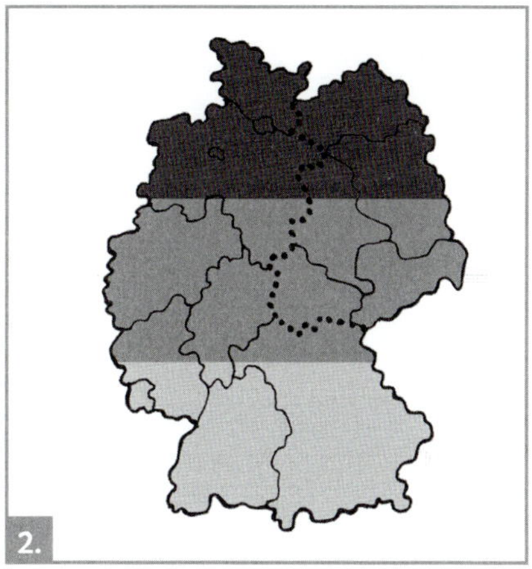

1. _ _   _ _ _ _ _ _ _ _   _ _ _ _ _ _
_ _ _ _ _ _ _ _

2. _ _   _ _ _ _ _ _ _ _ _ _ _ _ _

3. _ _   _ _ _ _ _   _ _   _ _ _

4. _ _   _ _ _ _ _ _   _ _   _' _ _ _ _ _ _

Hören und verstehen

16 7

a Was denken Jugendliche über Vorurteile? Hör gut zu und ordne das Bild dem richtigen Audio zu.

a

Nummer ____

Nummer ____

b

c

Nummer ____

Nummer ____

d

b Hör die Meinungen noch einmal und kreuze die richtige Antwort an.

1. Pour Damien, les clichés …
   a) sont des images négatives. ☐
   b) sont drôles quand ils sont positifs. ☐
   c) ne sont pas intéressants. ☐

2. Anne a compris que les clichés …
   a) aident à mieux communiquer avec l'autre. ☐
   b) servent à apprendre à mieux connaître nos voisins. ☐
   c) n'aident pas à connaître vraiment les gens. ☐

3. Les clichés …
   a) sont nécessaires pour Sébastien. ☐
   b) ne sont pas des jugements négatifs. ☐
   c) énervent Sébastien. ☐

4. Pour Julie, les clichés …
   a) font partie d'une identité nationale. ☐
   b) donnent une image négative. ☐
   c) ne sont pas utiles. ☐

Hören und nachsprechen

17 8

Höre die Sätze an und sprech sie nach. Notiere dann die Verbform in dem Raster und entscheide, ob es sich um einen **Subjonctif** (**S**) oder um einen **Indicatif** (**I**) handelt.

	S	I		S	I
1.	☐	☐	5.	☐	☐
2.	☐	☐	6.	☐	☐
3.	☐	☐	7.	☐	☐
4.	☐	☐	8.	☐	☐

Das Wesentliche verstehen

18 a Lies sorgfältig den Text.

La classe de Mme Beret au lycée Marie-Curie prépare un dossier dans lequel les élèves présentent les relations franco-allemandes à l'aide de textes et de films originaux. Le texte suivant est l'article que Max a préparé pour ce dossier.

LES RELATIONS FRANCO-ALLEMANDES ÉLÈVE: Max

Je vais vous présenter le thème principal du livre que j'ai choisi pour notre dossier. Ce livre s'appelle «Le crime d'aimer» de Jean-Paul Picaper. Quand j'ai découvert ce livre, je me suis d'abord demandé ce que l'amour avait à faire avec un crime. En lisant le roman, j'ai appris qu'il s'appelait ainsi car il parlait des conséquences d'une histoire d'amour entre une jeune Française et un soldat allemand pendant l'occupation en France. Je déteste normalement les romans à l'eau de rose, mais il ne s'agit pas ici d'une histoire romantique, mais plutôt d'une histoire tragique et très triste pendant la Deuxième Guerre mondiale.
A cette époque, une relation avec l'ennemi était considérée comme un crime! Et les conséquences pour les mères et leurs enfants étaient très graves. On a humilié les femmes, on les a tondues ou on les a insultées. La France ne les acceptait plus. Leurs enfants, nés entre 1940 et 1944 de ces histoires d'amour franco-allemandes, étaient appelés des «enfants maudits», des enfants illégitimes. Aujourd'hui, il y a 200 000 «enfants maudits» qui ont maintenant plus de 70 ans. Souvent, les «enfants maudits» ne connaissent même pas toute la vérité sur leur identité et ils en souffrent beaucoup car ils ont connu une enfance traumatisante. C'est le cas par exemple de Claudine, la protagoniste de ce roman, qui ne connaît pas son père car sa mère lui a toujours menti. Claudine souffre énormément du poids du passé et de tous ces mensonges. Ce n'est qu'en 2002, plus de soixante ans après, que son beau-père lui raconte la vérité avant de mourir. Quand elle apprend que sa mère lui a menti pendant des années, Claudine est très triste et a l'impression qu'on lui a volé son identité. A mon avis, c'est une idée géniale d'apprendre l'histoire des relations franco-allemandes à partir d'histoires vraies. C'est autre chose que de travailler avec des livres scolaires. J'espère que je vous ai donné envie de lire ce roman, allez-y! Lisez-le!

b Richtig oder falsch? Kreuze die richtige Antwort an.

	vrai	faux
1. Pour le dossier de sa classe, Max présente le film «Le crime d'aimer».	☐	☐
2. Max a choisi ce roman parce qu'il aime les histoires romantiques.	☐	☐
3. Un des thèmes principaux du livre est une histoire d'amour entre une jeune femme française et un Allemand.	☐	☐
4. Comme toutes les histoires d'amour, c'est une belle histoire romantique.	☐	☐
5. Pendant la Deuxième Guerre mondiale, des relations entre des Françaises et des Allemands étaient interdites.	☐	☐
6. Les mères et leurs enfants ont eu beaucoup de problèmes parce que les Français les détestaient.	☐	☐
7. Aujourd'hui, beaucoup d'enfants maudits sont encore en vie.	☐	☐
8. Le beau-père de Claudine, la protagoniste du livre «Le crime d'aimer», est aussi un enfant maudit.	☐	☐
9. La mère de Claudine lui a toujours dit la vérité.	☐	☐
10. Le beau-père de Claudine est en colère puisque Claudine lui a volé son identité.	☐	☐
11. Max trouve que c'est plus intéressant d'apprendre l'Histoire avec des histoires vraies.	☐	☐

Das *Conditionnel présent*

1 Welche Form stimmt? Kreuze an.

1. A ta place,
   - ☐ a) j'irais à Bordeaux pour six mois.
   - ☐ b) j'allais à Bordeaux pour six mois.
   - ☐ c) je suis allé à Bordeaux pour six mois.

2. Si tu partais à l'étranger,
   - ☐ a) tu pouvais vivre en colocation.
   - ☐ b) tu pourrais vivre en colocation.
   - ☐ c) tu pourras vivre en colocation.

3. Si tu passais quelques mois à Bordeaux,
   - ☐ a) je venais te voir.
   - ☐ b) je viendrais te voir.
   - ☐ c) je serais venu te voir.

4. Si tu y allais,
   - ☐ a) tu apprenais à parler français.
   - ☐ b) tu aurais appris à parler français.
   - ☐ c) tu apprendrais à parler français.

Subjonctif oder *indicatif*?

2 Kreise die richtige Form ein.

1. Je pense que ce monsieur **est / soit** très sympa.
2. Ça m'énerve que tu **es / sois** toujours en retard.
3. Je crois que Jules **a / ait** raison.
4. Je suis surpris que tu te **souviens / souviennes** encore de moi.
5. Je suis convaincu que tu **vas / ailles** y arriver.

Fragen mit *qui est-ce que, qu'est-ce que, ...*

3 a Streiche die falschen Formen durch.

1. **Qui / Qu'** est-ce **que / qui** tu veux me dire?
2. **Qui / Qu'** est-ce **que / qui** connaît le nouveau film avec Kad Merad?
3. **Qui / Qu'** est-ce **que / qui** tu as rencontré hier soir?
4. **Qui / Qu'** est-ce **que / qui** a gagné le match?
5. **Qui / Qu'** est-ce **que / qui** tu as appris aujourd'hui?

b Wie stellst du folgende Fragen auf Französisch?

1. Was ist für dich wichtig?

____

2. Wer hat dir geholfen?

____

3. Was machst du heute Abend?

____

4. Wen hast du getroffen?

____

Unregelmäßige Verben

4 Setze die richtige Form der unregelmäßigen Verben ein.

1. Das Verb **battre**

   Il faut que nous ______________ l'autre équipe demain!
   Normalement, ce sont eux qui nous ______________ toujours.
   Mais cette fois, on va les ______________. Il faut le faire
   comme les Bleus. Ils ______________ la Suisse 2 à 1 hier.

2. Das Verb **convaincre**

   Je pense que Martine ne nous croit pas. Comment est-ce qu'on peut
   la ______________? Il faut seulement dire la vérité.
   C'est comme ça qu'on ______________ quelqu'un.
   Alors, ______________ Martine!

3. Das Verb **suivre**

   Notre prof est vraiment nul! Je n'arrive pas à ______________ son
   cours. Il parle trop vite. Les élèves ne le ______________ plus . Moi, je
   pense que je vais ______________ le conseil de ma mère et répéter
   les verbes irréguliers à la maison.

4. Das Verb **s'asseoir**

   La prof: ______________-vous, s'il vous plaît! Mais Pierre,
   pourquoi est-ce que tu t' ______________ sur la table?
   Ah d'accord, tu n'as pas de chaise? Alors, tu peux t' ______________
   à côté de Marc aujourd'hui!

Wortschatz lernen

5 Wörter lassen sich häufig besser einprägen, wenn man mehrere Wörter einer Wortfamilie kennt. Fülle die Tabelle mit einem Verb (V), einem Nomen (N) oder einem Adjektiv (A) aus, das zu der Familie des angegebenen Begriffes gehört.

l'espoir	V:
rencontrer	N:
offrir	N:
la profession	A:
motiver	N:
une signature	V:
une réservation	N:
plaire	N:
la garde	N:
un enfant	N:

6 Finde die passenden Antonyme.

1. un ami ≠ ______
2. positif,ve ≠ ______
3. la guerre ≠ ______
4. un bébé ≠ ______
5. avoir un métier ≠ ______
6. connu,e ≠ ______
7. en bas ≠ ______
8. vivre ≠ ______
9. perdre ≠ ______
10. avant de faire qc ≠ ______

Wendungen aus dem Alltag

7 Ergänze die Sätze mit den passenden Wörtern.

1. Le festival ________________________ **(edrsseas')** aux jeunes qui aiment le théâtre.
2. J'ai rencontré Julie par __________________ **(sardah)**.
3. Excusez-moi, le film commence à 20 heures, pas à 19 heures 30. Je me suis __________________ **(péomrt)**.
4. A mon __________________ **(visa)**, ce n'est pas correct.
5. A __________________ **(tirrpa)** de la semaine prochaine, je joue au tennis.

Die Hervorhebung mit *c'est ... qui/que*

8 Hebe den unterstrichenen Satzteil mit **c'est ... qui / que** hervor.

1. Tu m'as parlé de ce livre?
   C'est toi ____
2. J'aime le sud de la France.
   ____
3. M. Dubois enseigne l'allemand?
   ____
4. Pierre organise la soirée franco-allemande.
   ____
5. J'ai rencontré la mère de Philippe hier.
   ____

Die Aussprache des Buchstabens *c*

! Im Französischen wird das **c** unterschiedlich ausgesprochen:
Es ist ein **stimmloses s [s]**, wenn ein **-e** oder **-i folgen** (cela, cinéma etc.) und ein **stimmloses k [k]**, wenn ein **-a, -o, -u folgen** (cuisine, comme etc.). Die **cédille** bewirkt, dass das c **nach -a, -o, -u** ebenfalls als ein **stimmloses s** gesprochen wird (ça, leçon).

9 a Kreuze an, ob in den folgenden Wörtern das c als [s] oder [k] ausgesprochen wird.

	[s]	[k]		[s]	[k]
un exercice	☐	☐	le cirque	☐	☐
la chance	☐	☐	un cadeau	☐	☐
la colère	☐	☐	décider	☐	☐
le lycée	☐	☐	la façon	☐	☐

9 b Höre dir nun die Wörter an und sprich sie nach. So kannst du deine Wahl in der Tabelle überprüfen.

Die Zeiten

10
10 Höre dir die kurzen Sätze auf der CD aufmerksam an und kreuze dann das richtige Kästchen an.

	1	2	3	4	5	6	7	8
Imparfait	☐	☐	☐	☐	☐	☐	☐	☐
Passé composé	☐	☐	☐	☐	☐	☐	☐	☐
Conditionnel	☐	☐	☐	☐	☐	☐	☐	☐
Futur	☐	☐	☐	☐	☐	☐	☐	☐

Ausdrücke und Wendungen

11 Hier geht es um typische Ausdrücke und Wendungen. Übersetze die folgenden Sätze.

1. Das Festival richtet sich an junge Leute, die Comics super finden.

____

____

2. Ich möchte mich erkundigen, wie viele Tage das Festival geht.

____

____

3. Ich bin froh, dass meine beste Freundin für mich da ist,
   wenn ich traurig bin.

____

____

4. Er findet es super, dass sie am Samstagabend ins Konzert gehen können.

____

____

5. Wenn ich viel Geld hätte, würde ich eine große Reise machen.

____

____

6. Ab der nächsten Woche lerne ich die unregelmäßigen Verben.

____

____

7. Ich würde gerne den Eiffelturm besichtigen.

____

____

Einen Text überprüfen

12 Deine große Schwester möchte für ein Jahr als Au-pair-Mädchen nach Frankreich gehen. Sie bittet dich um Hilfe bei der Korrektur ihrer Bewerbung. Schau dir den Text genau an und schreibe die berichtigte Fassung auf die nächste Seite.

Cher famille,
Je m'appelle Katharina Schmidt et j'ai 18 ans. Je suis **allemand** et j'habite **dans** Burgdorf, une petite ville près de Hanovre avec ma famille et **nous** deux chats. **Mon** mère est professeur (mathématiques et allemand) et mon père est médecin. J'ai un petit frère qui a 15 ans. Je vais encore à l'école et je **passerais** mon bac au mois de juin. Après mon séjour en France, j'**aimerait** faire des études.
Ce **qui** je fais depuis longtemps, c'est du baby-sitting. J'aime bien m'occuper des enfants et **joué** avec eux. Je m'occupe d'un petit garçon de 4 ans et de sa sœur qui **est** 7 ans. Quand les parents travaillent **tout** les deux, je passe l'après-midi ou le soir avec **le** deux. On dessine, on fait des **jeu**, je leur lis des histoires et parfois, nous allons voir mon cheval Foxi. J'ai toujours **adorer** les animaux. Avoir un chat et un cheval était mon rêve depuis que j'étais toute **petit** et je suis heureuse que mes parents **ont** réalisé ce rêve. C'est pourquoi je **passes** beaucoup **des** temps avec Foxi. Une autre activité, **ce** chanter et bien sûr, j'aime rencontrer **mon** amis.
Je crois que travailler comme fille au pair est **un** grande chance pour apprendre **le** langue et connaître la culture **français**. J'espère que je **ferais** la connaissance de beaucoup de gens. Le séjour de fille au-pair **seras** une expérience importante pour **mon** vie.

A bientôt!

Katharina

! Achte besonders auf folgende Fehlerquellen:
Sind die Adjektive an das zugehörige Nomen oder Pronomen angepasst?
Stimmen Subjekt und Endungen der Verben überein?
Muss hier ein Konditional, ein Futur oder ein *Subjonctif* eingesetzt werden?

A bientôt!

Katharina

Sprachmittlung

13 a Du verbringst mit deinen Eltern einige Ferientage auf dem Campingplatz *Südseetraum*. Neben euch zeltet eine Gruppe junger Franzosen. Als du nach dem Mittagessen an ihrem Zelt vorbei gehst, bemerkst du, wie zwei von ihnen versuchen, einen Flyer zu verstehen. Lies den Prospekt.

Erlebnisbad im Südseetraum

Für eine entspannte Zeit unter Palmen und Bananenbäumen müssen Sie nicht in den Süden fliegen, sondern können direkt ins Erlebnisbad des Südseetraums kommen! Hier finden Sie einen aufregenden Wildwasser-Canyon oder Wellen in der Lagune. Wer die Herausforderung sucht, ist bei der Turbo-Rutsche mit freiem Fall genau richtig. Reifenrutsche und Wildbach sorgen für Familienspaß! Für eine Stärkung und erfrischende Getränke sorgt unsere Strandbar.

Preise	Tageskarte		3 Stunden	
Tagesgäste	Erw.	Kinder 2 – 18 J.	Erw.	Kinder 2 – 18 J.
Mo. – Fr.	10 €	7 €	7,50 €	5 €
Sa., So. u. Feiertage	13 €	8,50 €	9 €	6 €

Preise	Tageskarte		3 Stunden	
Südseetraumgäste	Erw.	Kinder 2 – 18 J.	Erw.	Kinder 2 – 18 J.
Mo. – Fr.	9 €	5,50 €	3 €	2 €
Sa., So. u. Feiertage	11 €	7 €	4 €	2,50 €

Kinder bis 2 Jahre frei.
Kinder unter 12 Jahren nur in Begleitung Erwachsener!
Nachzahltarif bei 3-Stunden-Angeboten: je weitere 1 / 2 Stunde 1,00 € pro Person. Eintrittskarten verlieren bei Verlassen des Schwimmbades ihre Gültigkeit! Das Mitbringen von Speisen und Getränken ist nicht erlaubt!

b Versetze dich in die Situation. Erkläre den beiden Jugendlichen den Prospekt und beantworte ihre Fragen.

Du sagst, dass du Französisch sprichst und fragst, ob du ihnen helfen könntest.

– ____

____

– Oh, oui, super, c'est gentil! Nous ne comprenons pas beaucoup.
C'est quoi, un «Erlebnisbad»?

Du weißt nicht die genaue Übersetzung, sagst aber, dass es ein Schwimmbad sei, in dem man viel machen könne.

– ____

____

– Ah, d'accord. Un «aquaparc». Mais ce que nous ne comprenons pas, ce sont les prix. Est-ce que les «Tagesgäste» sont des gens qui font du camping pour un seul jour?

Du verneinst und erklärst, dass die Leute, die hier campen, die Südseetraumgäste seien und es dadurch günstiger sei.

– ____

____

– C'est bien! Donc, demain on passe toute la journée à l'aquaparc.

Du weist darauf hin, dass sie dann ein Tagesticket nehmen müssten. Wenn sie nur den Nachmittag im Erlebnisbad verbringen wollten, könnten sie auch das Ticket für drei Stunden nehmen.

– ____

____

____

– Ah merci. Alors, je crois qu'on va prendre un «Tagesticket».
On va préparer un bon pique-nique …

Du sagst, dass man dort kein Picknick machen dürfe, aber es gäbe eine Strandbar.

– ____

____

Schreiben

14 Mark verbringt seine Ferien mit seinen Eltern in St. Malo in der Bretagne. Auf dem Rückweg haben sie die Gelegenheit, die Familie seines Austauschpartners Pierre in Nantes zu besuchen. Mark schreibt ihm eine Mail und erwähnt folgende Aspekte: Aufenthalt in St. Malo – Strand – Denkmäler – unglaubliche Aussicht am Cap Fréhel – in drei Tagen Besuch der Gastfamilie – Eltern freuen sich, seine Familie kennen zu lernen – Vorschlag für gemeinsame Aktivitäten (Radfahren, die Altstadt erkunden, Kinobesuch). Verfasse die Mail.

Module 1

France aller-retour

Das *Gérondif*

Das **Gérondif** besteht aus **en + Participe présent.** An den Stamm der 1. Person Plural Präsens wird die Endung **-ant** angehängt.
chercher → nous **cherch**ons → en cherch**ant**

Beachte die Sonderformen:
être → **en étant**
avoir → **en ayant**
faire → **en faisant**
savoir → **en sachant**

Die Verben auf **-ger** und **-cer**:
manger → en mang**e**ant
commencer → en commen**ç**ant

Das **Gérondif** wird verwendet, um Nebensätze zu ersetzen.
Dabei wird eine a) Gleichzeitigkeit, b) Art und Weise oder c) Bedingung zum Ausdruck gebracht:
Il chantait **en travaillant**.
Il y est allé **en prenant** le bus.
On apprend une langue **en parlant**.

1 Trage die **Gérondif**-Formen ein.

répondre	*en*
finir	
être	
avoir	
faire	
manger	
commencer	

2

Formuliere die entsprechenden Satzteile um und verwende das **Gérondif**.

Beispiel: **On voyage** dans d'autres pays et on apprend beaucoup sur d'autres cultures.

En voyageant dans d'autres pays, on apprend beaucoup sur d'autres cultures.

1. On comprend mieux une culture étrangère **si on respecte** cette culture.

2. Pierre **a passé trois semaines au Sénégal**. Comme ça, il a découvert la culture africaine.

3. Elle mangeait une pomme **et lisait** «Le cœur n'est pas un genou que l'on peut plier».

4. **Si tu visites** l'Ile de Gorée, tu vas apprendre beaucoup sur l'esclavage au Sénégal.

5. **J'ai regardé** mon amie sénégalaise dans la cuisine et j'ai appris à préparer du yassa poulet.

6. **Si tu passes** quelques semaines au Sénégal, tu vas apprendre un peu de wolof.

Das Passiv

Das **Passiv** wird verwendet, wenn es nicht von Bedeutung ist, **wer** etwas getan hat. Es wird z. B. häufig in Zeitungsartikeln verwendet.

Man bildet das Passiv mit **être** in der entsprechenden Zeitform + **Participe passé.** Dabei wird das **Participe passé** an das jeweilige Subjekt angeglichen (**accord**).

Im Vergleich zum Aktivsatz sind Subjekt und Objekt im Passivsatz vertauscht. Das Subjekt aus dem Aktivsatz kann im Passivsatz als Urheber wieder auftauchen und wird mit **par** angeschlossen.

Die wichtigsten Formen des Passiv

	être	Participe passé
présent	je suis	invité(**e**)
passé composé	tu as été	invité(**e**)
imparfait	il était	invité
plus-que-parfait	nous avions été	invité(**e**)s
futur simple	vous serez	invité(**e**)s

Beispiel:

Aktiv

Les Sénégalais (S)	respectent (V)	**les traditions.** **(O)**

Passiv

Les traditions **(S)**	sont respect**ées** (V)	par les Sénégalais. (O)

3 Handelt es sich um eine Aktiv- oder eine Passivform? Kreuze an.

	Aktiv	Passiv
je suis allé	☐	☐
il a été observé	☐	☐
elles sont venues	☐	☐
je serai informé	☐	☐
ils ont été découverts	☐	☐
la fête sera organisée	☐	☐
nous sommes partis	☐	☐
il avait été vu	☐	☐
nous avons été contactés	☐	☐
elle est souvent visitée	☐	☐
il était invité	☐	☐
vous étiez arrivé	☐	☐
tu es tombé	☐	☐
elles sont montées	☐	☐

4 Formuliere die Sätze um und verwende das Passiv.

1. Au collège Darou Salam, Malick Ndao enseigne **l'allemand.**

____

2. En 2015, deux profs sénégalais ont organisé **un échange avec la France.**

____

3. De nombreux touristes visitent **l'île de Gorée** chaque année.

____

4. **Les Sénégalais préparent souvent les repas** sur un réchaud à gaz.

____

5. A peu près 80% des habitants parlent **le wolof**.

____

6. Les touristes adorent **le yassa poulet**.

____

7. Souvent, les touristes appellent **le Sénégal** le «pays de l'hospitalité».

____

8. Malheureusement, beaucoup de gens jettent **des ordures** sur les plages.

____

Das Verb *suivre*

Präsens:	Je suis, tu suis, il suit, nous suivons, vous suivez, ils suivent	**Passé composé:**	j'ai suivi
		Imparfait:	je suivais
		Futur simple:	je suivrai
Subjonctif:	que je suive	**Conditionnel présent:**	je suivrais
Imperativ:	Suis. / Suivons. / Suivez.		

5 Ergänze die Personalpronomen und die Formen von **suivre** im Präsens.

1. v _ _ _   _ _ _ _ _ _

2. _ _ _ e   _ _ _ _

3. __ u __ __ __ __

4. i __ __ __ __ __ __ __ __ __

5. n __ __ s __ __ __ __ __ __ __

6. j __ __ __ __ __

Das *Passé simple*

Das **Passé simple** ist eine Form, die im literarischen Französisch verwendet wird. Du musst die Formen nicht selbst bilden können, aber du musst sie erkennen. Im üblichen Französisch verwendet man das **Passé composé**. Die Formen in der dritten Person sind am häufigsten:

trouver: je trouv**ai**, tu trouv**as**, il / elle / on trouv**a**,
nous trouv**âmes**, vous trouv**âtes**, ils / elles trouv**èrent**
finir: je fini**s,** tu fin**is**, il / elle / on fin**it**,
nous fin**îmes**, vous fin**îtes**, ils / elles fin**iren**t
prendre: je pri**s,** tu pr**is**, il / elle / on pr**it**,
nous pr**îmes**, vous pr**îtes**, ils pr**irent**
avoir: j' / tu **eus**, il / elle / on **eut**, nous **eûmes**, vous **eûtes**, ils / elles **eurent**
être: je / tu **fus**, il / elle / on **fut**, nous **fûmes**, vous **fûtes**, ils / elles **furent**

6 Ersetze die **Passé simple**-Form durch das **Passé composé.**

1. Ils répondirent à leurs questions en wolof.

____

2. Il me dit que le yassa poulet est typiquement allemand.

____

3. Après un mois à Dakar, ils vinrent à Thiès.

____

4. Puis ils partirent à Dakar où ils se marièrent.

____

5. Après, elle fit ses études à l'université de Dakar.

____

Landeskunde

7 Finde das zur Definition passende Wort.

1. Il est né au Sénégal et il a passé toute sa vie au Sénégal, il est donc
   __ __ __ __ __ __ __ __ __ __ .
2. Ibrahim est français et sénégalais en même temps, il a donc
   la __ __ __ __ __ __ __ __ __ __ __ __ __ __ __ __ __ .
3. Yacine et Malick vont se marier. Donc, Aminata sera l'__ __ __ __ __ __
   de Malick.
4. Bintou n'a pas de parents, elle est donc
   une __ __ __ __ __ __ __ __ __ .
5. Les Sénégalais qui n'ont pas d'ordinateur à la maison peuvent aller
   dans un __ __ __ __ __ __ __ __ __ .
6. Les Sénégalais disent aux Européens: «Vous avez l'heure, nous avons
   le temps». C'est un __ __ __ __ __ __ __ __ très connu au Sénégal.
7. Les maisons au Sénégal sont souvent très petites, les enfants doivent
   souvent __ __ __ __ __ __ __ __ une chambre avec leurs frères
   et sœurs.
8. Marème doit se marier avec un garçon qu'elle ne connaît pas.
   Son père veut l'__ __ __ __ __ __ __ à se marier avec lui.

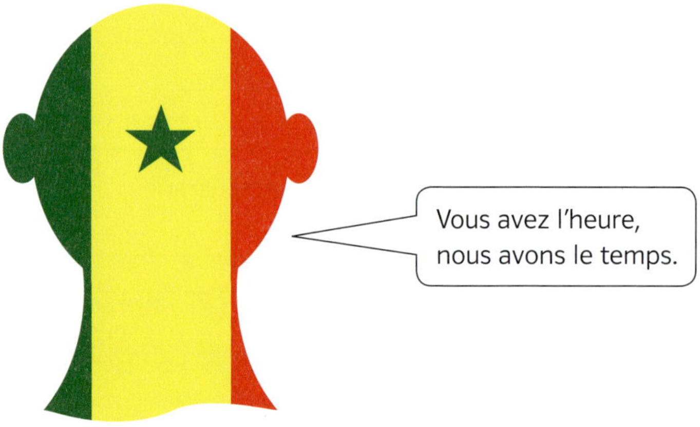

Rund um die Familie

8 Finde die Wörter aus dem Wortfeld Familie.

B	E	L	L	E	F	O	É	U	R	F
X	E	Y	J	G	R	S	P	N	L	I
N	E	V	E	U	T	X	O	I	X	L
C	O	U	S	I	N	T	U	O	W	L
F	I	L	S	U	V	A	X	N	O	E
F	E	M	M	E	E	N	F	I	N	T
O	N	P	A	R	S	T	U	L	C	U
R	P	È	R	E	C	E	M	G	L	M
F	A	M	I	L	L	E	Y	V	E	N

Notiere die Wörter, die du gefunden hast:

9 Finde die richtigen Verwandtschaftsbeziehungen.

1. Jérôme et Lucie sont mariés, donc Lucie est la ________________ de Jérôme.
2. Julia est la fille de mon frère, donc elle est ma ________________.
3. L'épouse de mon frère, c'est ma ____________________________.
4. Les parents de mon père sont mes ______________________________.
5. Le nouveau mari de ma mère, c'est mon _________________________.
6. Le fils de ma tante, c'est mon ________________.
7. La mère de mon mari, c'est ma ______________________.
8. Je suis une fille. Mes parents ont aussi un fils, il est mon ____________.
9. Mon fils, c'est le ________________ de mon frère.
10. Chantal et Pierre sont un couple, mais ils ne sont pas mariés. Pierre est le ________________ de Chantal.

Aktivitäten

10 Verbinde die Verben mit den passenden Aktivitäten.

1. suivre	a) ses études
2. prononcer	b) amoureux / se
3. faire	c) un conseil
4. tomber	d) un nom
5. poursuivre	e) un choix
6. attirer	f) une chambre
7. partager	g) l'attention de qn

Wortfamilien

11 Finde zu den vorgegebenen Wörtern andere Wörter der gleichen Wortfamilie. Wenn du nicht weiter weißt, nimm ein Wörterbuch zur Hilfe.

la prononciation → verbe: prononcer qc

1. l'amour → adjectif (m.): _ _ _ _ _ _ _ _
2. éduquer → nom: _' _ _ _ _ _ _ _ _ _ _
3. la tradition → adjectif (f.): _ _ _ _ _ _ _ _ _ _ _ _ _ _
4. la subvention → verbe: _ _ _ _ _ _ _ _ à qc
5. l'existence → verbe: _ _ _ _ _ _ _
6. la réaction → verbe: _ _ _ _ _ _ à qc
7. l'obligation → verbe: _ _ _ _ _ _ _ qn à faire qc
8. la suite → verbe: _ _ _ _ _ _ qn / qc
9. l'ironie → adjectif: _ _ _ _ _ _ _ _
10. la protection → verbe: _ _ _ _ _ _ _ _ qn / qc
11. choisir → nom: _ _ _ _ _ _ _

Lösungswort:

une [8] [2] [4] [6] [10] [3] [7] [1] [11] [5] [9]

Hören, sehen und verstehen

12 11

a Höre, was Pierre, Julie, Léa und Jérôme zu ihren Erfahrungen zu dem Austausch im Senegal sagen. Welches Bild passt zu welchem Text? Trage die Namen der Schüler unter den Bildern ein. Mehrere Bilder können zu einem Text gehören.

a) ______________________________

____

b) ______________________________

____

c) ______________________________

____

d) ______________________________

____

b Kreuze die richtige Antwort an.

1. Grâce à cette expérience, Pierre a décidé de …
   - [ ] retourner au Sénégal après son bac.
   - [ ] devenir un peu plus sérieux.
   - [ ] rester un peu plus cool.

2. Pour Julie, …
   - [ ] c'est la température qui était surtout un problème.
   - [ ] elle ne s'est jamais sentie comme à la maison.
   - [ ] les Sénégalais n'étaient pas très sympas et l'appelaient par le mot «Toubab», c'est-à-dire «homme blanc».

3. Léa …
   - [ ] adore les supermarchés au Sénégal.
   - [ ] n'aime pas les fruits et légumes du marché.
   - [ ] se fait des soucis à cause de la pollution au Sénégal.

4. Pendant son séjour au Sénégal, Jérôme a compris …
   - [ ] qu'il ne retournerait jamais là-bas.
   - [ ] que les Sénégalais devaient acheter des nouvelles voitures.
   - [ ] que l'argent n'est pas important pour être heureux.

Hören und schreiben

13 12

Hör dir den Text zweimal an und ergänze die fehlenden Wörter.

En ____________________ au Sénégal, j'étais très nerveuse parce que le Sénégal me ________________ tellement loin et différent. J'avais surtout peur des installations sanitaires qui ne correspondent pas aux standards ________________. De plus, j'avais peur de ne pas aimer les repas ____________________. En y ________________________ bien aujourd'hui, je dois dire que je suis très heureuse d'avoir participé à l'échange. Oui, bien sûr que la vie en ______________ est différente, mais ce sont des ___________. Après quelques jours, j'____________ que le plus important, c'est de ____________ des instants avec des gens!

Das Wesentliche verstehen

14 a Lies sorgfältig den Text.

Hanovre-Thiès: aller-retour

Depuis quelques années, le Kurt-Schwitters-Gymnasium Misburg (Hanovre) et le Collège Darou Salam (Thiès, Sénégal) ont un partenariat. Cette année, douze personnes, dix élèves et nos deux professeurs sont allés à Thiès pour rendre visite à nos correspondants sénégalais et pour vivre dans les familles d'accueil pendant trois semaines. Nos profs, eux, résidaient chez les professeurs du Collège Darou Salam.

Cette fois-ci, tout était un peu plus facile pour tout le monde, car c'était déjà la deuxième fois qu'un groupe de notre école y allait. Avant d'aller au Sénégal, nous avons passé un week-end dans une auberge de jeunesse pour nous préparer aux différences interculturelles qui nous attendaient là-bas. La même sorte de préparation a eu lieu au Sénégal. Nous avons travaillé aussi sur des thèmes comme, par exemple, la vie des partenaires dans leurs familles ou le rôle des filles et des garçons. C'était super intéressant!

A Thiès, nous avons créé des posters et des jeux de rôles sur ces thèmes et nous avons fait une grande présentation devant toute l'école.

Mais quelles sont ces différences interculturelles auxquelles il faut se préparer? La langue et le climat, bien sûr, mais aussi nos façons de vivre qui sont tout à fait différentes. D'abord, les familles sont beaucoup plus grandes qu'en Allemagne et plus pauvres. Et il y a beaucoup de détails dans la vie au quotidien qui sont complètement différents parce que la vie y est plus traditionnelle. Mais ce n'est pas mal du tout. Ce que nous avons surtout adoré, c'était la gentillesse des Sénégalais. Personne ne semblait stressé. Il y a un proverbe sénégalais qui dit d'ailleurs «Vous avez l'heure, nous avons le temps». Et c'est absolument vrai. Les Européens ont la technique, mais en y réfléchissant bien, la technique rend la vie plus rapide et plus stressante et en Europe, on ne prend pas le temps de vivre et de se concentrer sur les choses qui sont vraiment importantes.

La visite qui nous a le plus intéressés, c'est la visite de l'île de Gorée, une île située près de Dakar. C'est un endroit historique et symbolique.

La visite des Sénégalais à Hanovre est prévue pour l'année prochaine et nous sommes déjà en train de nous préparer à cette deuxième partie de l'échange.

b Richtig oder falsch?
Kreuze die richtige Antwort an.

	vrai	faux
1. Le texte parle du voyage d'un groupe scolaire au Sénégal.	☐	☐
2. Pendant l'échange, profs et élèves habitaient dans les mêmes familles d'accueil.	☐	☐
3. Le groupe allemand n'a pas été assez préparé à l'échange.	☐	☐
4. A Thiès, une présentation sur les différences interculturelles a été faite par les élèves allemands.	☐	☐
5. Les élèves ont constaté qu'il n'y avait pas de grandes différences entre la culture allemande et la culture sénégalaise.	☐	☐
6. Les Allemands ont réalisé que les Sénégalais sont beaucoup plus stressés qu'eux-mêmes.	☐	☐
7. A travers ce voyage, les élèves allemands ont compris qu'en Europe on ne prenait pas le temps de vivre.	☐	☐
8. Maintenant, les Allemands se préparent déjà à l'arrivée de leurs amis sénégalais.	☐	☐

Module 2
Au camping en Corse

Die Zeitenfolge

Das kennst du schon:
Steht das **redeeinleitende Verb im Präsens** (**dit** que / **demande** si), so steht in der indirekten Rede / Frage das **Verb des Nebensatzes in derselben Zeit** wie in der direkten Rede / Frage.
Julien **dit**: «J'**ai fait** du canoë en Corse.»
Julien **dit** qu'il **a fait** du canoë en Corse.

Steht allerdings das redeeinleitende **Verb in einer Zeit der Vergangenheit**, kommt es beim Verb des Nebensatzes zu folgenden **Zeitverschiebungen**.

Présent → **Imparfait**
Imparfait → **Imparfait**

Passé composé → **Plus-que-parfait**
Plus-que-parfait → **Plus-que-parfait**

Futur → **Conditionnel**
Conditionnel → **Conditionnel**

Merke: **Keine Zeitverschiebungen bei Imparfait, Plus-que-parfait und Conditionnel!**

Julien **a dit**: «Je **fais** du canoë en Corse.» — Présent
Julien **a dit qu'**il **faisait** du canoë en Corse. — Imparfait

Julien **a dit**: «J'**ai fait** du canoë en Corse» — Passé composé
Julien **a dit qu'**il **avait** fait du canoë en Corse. — Plus-que-parfait

Julien **a dit**: «Je **ferai** du canoë en Corse.» — Futur
Julien **a dit qu'**il **ferait** du canoë en Corse. — Conditionnel

Neben den Pronomen, Verbformen und Possessivbegleitern müssen auch Zeit- und Ortsangaben in der indirekten Rede angepasst werden.
demain → **le lendemain, hier** → **la veille, ici** → **là-bas**

1 Welche Antwort stimmt? Kreuze an.

1. Robert a dit: «J'aimerais inviter mes copains samedi soir.»
   Robert a dit ☐ qu'il aimerait inviter ses copains samedi soir.
   ☐ qu'il aimait inviter ses copains samedi soir.

2. Anne a dit: «J'ai oublié les sardines pour la tente!»
   Anne a dit ☐ qu'elle a oublié les sardines pour la tente.
   ☐ qu'elle avait oublié les sardines pour la tente.

3. Manon a demandé à François: «Tu viendras chez moi demain?»
   Manon a demandé à François ☐ s'il viendrait chez elle le lendemain.
   ☐ s'il viendra chez elle le lendemain.

2 Setze die folgenden Sätze in die indirekte Rede.

1. Jeanne a demandé à Philippe: «Tu as déjà acheté une tente pour le camping?»

   ____

   ____

2. Philippe a répondu: «Je n'avais pas le temps, mais je le ferai demain.»

   ____

   ____

3. Jeanne lui a demandé: «Je peux t'accompagner?»

   ____

   ____

4. Philippe a dit: «Ça serait super!»

   ____

5. Jeanne a répondu: «Et après, nous allons présenter la nouvelle tente à nos copains.»

   ____

   ____

Reiseausrüstung

DE

3 Beim Camping ist die Reiseausrüstung außerordentlich wichtig. Auf die folgenden Dinge kann man nicht verzichten. Bringe den Buchstabensalat in Ordnung und notiere die Substantive.

une ____________
(ntete)

une ____________
(darensi)

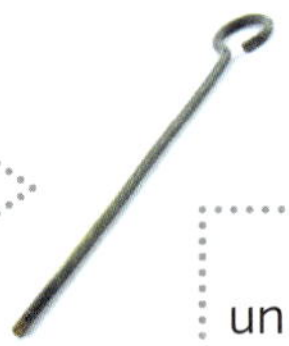

un ____________
(taameru)

un ____________
(leonpi)

un ____________
(àcssodà)

une ____________
(htroec)

un ____________
(soaltspeid)

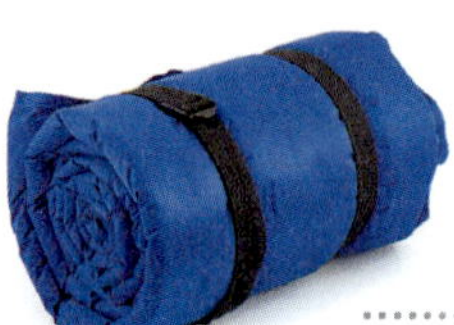

un ____________
(haocecagsecdu)

une ____________
(lepi)

Unregelmäßige Imperativformen DE

4 Was sagt man in den folgenden Situationen? Verbinde.

1. Ton petit cousin n'ose pas sauter d'un petit mur.
2. Ton père n'est pas content que tu n'aies pas envie d'aider ton petit frère à faire ses devoirs.
3. Tes amis arrivent pour une soirée vidéo.
4. Ton meilleur copain a des problèmes et il est triste.
5. Tes parents parlent des vacances et ne savent pas encore quoi faire.

a) Soyez les bienvenus!
b) N'aie pas peur!
c) Sachez que j'ai aussi envie de faire du camping.
d) Sois gentil avec ton petit frère!
e) Sache que je suis là pour toi.

Das Adjektiv *propre* DE

5 Setze das Adjektiv **propre** je nach Bedeutung an die richtige Stelle.

> **!** Das Adjektiv **propre** hat zwei Bedeutungen:
> vor dem Nomen: **mon propre portable** – *mein* ***eigenes*** *Handy*
> nach dem Nomen: **des W.-C. propres** – *ein* ***sauberes*** *WC*

1. Il s'est fait sa ______________ opinion ______________ .
2. Marie a cherché un ______________ t-shirt ______________ dans son armoire.
3. Ma petite sœur a dit qu'elle voulait enfin son ______________ vélo ______________ .
4. Au camping, il nous faut des ______________ sanitaires ______________ .

Wortfelder DE

6 Notiere die Wörter und Wendungen, die zusammenpassen.

un camping-car | allumer le feu | le réseau | chaud | une tente
le wifi | une bouteille de gaz | le smartphone | un mobile home

1. ______________________, ______________________, ______________________
2. ______________________, ______________________, ______________________
3. ______________________, ______________________, ______________________

Gemeinsam auf dem Campingplatz T1

7 Guillaume und François sind seit drei Tagen auf dem Campingplatz und teilen sich ein Zelt. Das führt zu einigen Unstimmigkeiten … Füge die unten stehenden Wortbausteine zusammen und ergänze den Lückentext.

RES MÉ DE BA CON PON COM SABLE
VI MENT ZAR SOR PRO PRI TENTE
DÉ EX MIS ME GAZ EX DRE

Dans la tente, il y a des vêtements de Guillaume partout. François est énervé et ______________ son ________________________.

François: Tu n'as pas rangé tes affaires depuis notre arrivée.
Ce ________________ commence à m'énerver.
Quel ______________!

Guillaume: Ne t'énerve pas! On est en vacances. A la maison, il faut toujours ranger, mais pas ici. Mais je te propose un ________________: Notre bouteille de ______________ est ________________. Je m'en occupe et on va préparer une soupe ce soir.

François: D'accord, tu es ____________________ de la bouteille, mais tu mets toutes tes affaires dans un coin.

Rund um das Handy T2

8 Trage die Wörter zu den folgenden Definitionen in das Kreuzworträtsel ein und finde das Lösungswort.

1. C'est un petit programme pour les smartphones. C'est une …
2. Pour utiliser le wifi, il faut se …
3. C'est un petit ordinateur qu'on peut emmener partout. C'est une …
4. Les jeunes y communiquent avec leurs copains et il est social. C'est un …
5. C'est ce qu'il faut faire quand le portable ne marche plus. Il faut le …
6. C'est un téléphone portable moderne. C'est un …
7. Pour avoir une nouvelle application, il faut la …

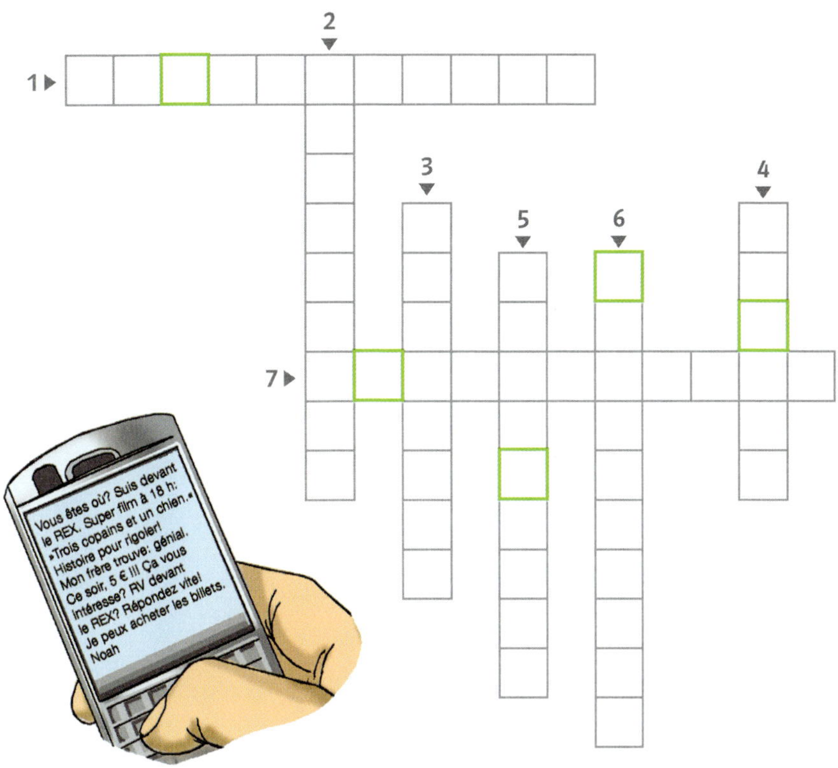

Lösungswort: Mince, j'ai oublié mon mot de

☐☐☐☐☐.

Alltägliche Dinge T3

9 Im Gitter findest du die Wörter, die zu den unten stehenden Sätzen passen. Trage sie in die Lücken ein. Die ersten Buchstaben sind fett markiert.

M	**A**	T	E	R	I	E	L	**C**
A	P	T	B	J	O	G	T	O
P	**P**	R	I	S	E	D	G	U
R	A	L	L	O	N	G	E	R
B	R	A	N	C	H	E	R	A
D	E	**S**	O	I	R	E	E	N
V	I	**M**	E	N	U	C	N	T
G	L	**P**	R	E	T	E	R	Y

1. Malheureusement, j'ai oublié mon __________________ photo.
2. Nous avons besoin d'une ________________ pour pouvoir utiliser la lampe.
3. J'espère qu'il pourra nous ________________ quelques sardines pour notre tente.
4. Qu'est-ce qu'on mange ce soir? Il faut réfléchir au ________________.
5. La prise se trouve là-bas. Il nous faut une __________________ pour __________________ la lampe.
6. La lampe ne marche plus. Il n'y a plus de ________________.
7. Pour notre fête, une ________________ à thème serait intéressante.
8. Il nous faut quel __________________ pour faire du camping?

Beschaffenheit von Gegenständen T4

10 Die folgenden Gegenstände sind aus unterschiedlichen Materialien gemacht. Trage diese in die Lücken ein.

1. Cette sculpture est ________________.

2. Ce porte-monnaie ________________ me plaît beaucoup.

3. Les figures d'origami sont toujours ________________.

4. Voilà un pot de yaourt ________________.

5. Les clés sont ________________.

6. Normalement, les t-shirts sont ________________.

Hören, sehen und verstehen

11 a Drei Jugendliche berichten von ihren Aktivitäten im Urlaub. Hör dir die Texte an, betrachte die Bilder und entscheide dann, was jeder von ihnen gemacht hat. Trage die Nummer des Hörtextes beim passenden Bild ein.

13

☐

☐

☐

b Notiere die Aktivitäten der drei Jugendlichen.

1. Charlotte fait ______________________________.
2. Pascal fait ______________________________.
3. Léa fait ______________________________.

c Hör dir die Texte noch einmal genau an und beantworte die folgenden Fragen.

1. Comment s'appelle le sentier célèbre dont parle Charlotte?

2. Quand est-ce que Charlotte veut faire tout le sentier?

3. Pascal s'est inscrit à quel cours en Corse?

4. Qu'est-ce qu'il a vu sous l'eau?

5. Avec qui est-ce que Léa faisait du canoë quand elle était petite?

6. Quel était le cadeau du 18e anniversaire de Léa?

Hören und nachsprechen

12 14

In der indirekten Rede spielen **Imparfait (I)**, **Plus-que-parfait (Pp)** und **Conditionnel (C)** eine große Rolle. Hör dir zur Übung die folgenden Sätze an und sprich die Sätze nach. Notiere die Zeitform der Nebensätze.

1	2	3	4	5	6

Das Wesentliche verstehen

13 a Im Internet findest du eine Broschüre über Korsika. Lies die Broschüre aufmerksam durch.

La Corse – une île pour tous!

Pourquoi partir si loin? La Corse vous offre à une heure de chez vous de vraies surprises. Vous allez vivre des moments extraordinaires! Voilà 6 bonnes raisons d'aller en Corse …

1. L'Île de Beauté

La Corse s'appelle l'Île de Beauté parce qu'elle est belle avec ses plages et ses montagnes qui offrent un paysage impressionnant.

2. Des activités!

Un choix difficile parce que vous avez beaucoup de possibilités! Randonnée sur le sentier du GR20, plongée sous-marine, canoë, etc.

3. Le charme …

Le sud de la Corse offre de très belles plages avec une mer de couleur bleue. Au nord, vous pourrez surtout découvrir l'histoire et la culture de la Corse. Commencez votre voyage à Ajaccio, Porto et Calvi puis continuez jusqu'à Bonifacio et Porto-Vecchio. Au centre de l'île, vous pourrez admirer les montagnes corses.

4. Et bien sûr la nature …

Depuis 1983, le Golfe de Porto qui fait partie du Parc Naturel régional de Corse fait partie du patrimoine mondial culturel de l'UNESCO. La nature avec ses plantes et les animaux extraordinaires y est protégée. Profitez de votre séjour et arrêtez-vous pour admirer ce paysage fantastique.

5. Les spécialités corses

Goûtez les spécialités corses comme par exemple les tartes aux noisettes, *tarta* ou les gâteaux secs qu'on appelle *canistrelli*, au citron, au chocolat ou à l'orange. De plus, il y a une grande variété de fromages et de vins.

6. Les musées

A Ajaccio, par exemple, vous pouvez visiter la maison natale de Napoléon qui est aujourd'hui le musée Bonaparte. L'aquarium de Bonifacio est un événement pour toute la famille et surtout pour les enfants qui peuvent y découvrir des poissons de toutes les couleurs.

Alors, soyez les bienvenus en Corse!

b Kreuze die passende Information an.

1. Korsika trägt den Beinamen *Île de Beauté*, weil …
   - ☐ … dort immer schönes Wetter ist.
   - ☐ … sie in ihrer Landschaft sehr schön ist.

2. Welchen Sport kann man auf Korsika ausüben?
   - ☐ Wandern
   - ☐ Tauchen
   - ☐ Beides

3. Die besonders schönen Strände findet man …
   - ☐ … im Norden der Insel.
   - ☐ … im Süden der Insel.

4. Der Golf von Porto ist Weltkulturerbe wegen …
   - ☐ … seiner Ruinen.
   - ☐ … seiner Natur.
   - ☐ … beidem.

5. Was sind die sogenannten *canistrelli*?
   - ☐ ein Gebäck
   - ☐ eine Torte
   - ☐ Kekse

6. Das Aquarium in Bonifacio ist vor allem ein Ereignis für …
   - ☐ … Kinder.
   - ☐ … Erwachsene.
   - ☐ … alle.

Module 3
Culture et technique

personne ne … / rien ne …
ne … aucun(e) / aucun(e) ne
ne … ni … ni / ni … ni … ne

Das kennst du schon:
Tu as vu **quelqu'un**? – Non, je **n**'ai vu **personne**.
Tu as écrit **quelque chose**? – Non, je **n**'ai **rien** écrit.
Personne und **rien** sind hier **Objekt**.

Die Verneinung mit **ne … aucun(e)** kann sich ebenfalls auf Objekte beziehen. Es wird **angeglichen**, die Verneinung richtet sich nach dem Genus des Nomens, vor dem es steht.
Je **n'**ai **aucune** idée.

Personne, **rien** und **aucun(e)** können aber auch **Subjekt** sein.

Personne ne l'a vu.	**Niemand** hat ihn gesehen.
Rien ne lui plaît.	**Nichts** gefällt ihm.
Aucun de ces pulls ne me plaît.	**Keiner** von diesen Pullovern gefällt mir.

Achtung: Sind **rien ne …**, **personne ne …** oder **aucun(e) ne …** **Subjekt** des Satzes, stehen sie **vor dem Verb**. Nach dem Verb steht dann **kein pas**.

Bei den Verneinungswörtern **ne … ni … ni / ni … ni … ne** (weder … noch) steht **ne vor dem konjugierten Verb**. Nach dem Verb steht **kein pas. Ni … ni …** stehen **vor den Satzteilen**, die man **verneint**.
Elle **n'**a **ni** l'envie **ni** le temps de …
Ni le pull rouge **ni** le pull bleu **ne** lui plaît.

Bei der Verneinung kommen häufig Kurzformen ohne **ne** und Verb vor.
Qu'est-ce que tu as dit? – **Rien**.

In der **gesprochenen Umgangssprache** wird auch das **ne** in ganzen Sätzen ausgelassen.
J'ai **rien** vu.

1

Bei den folgenden Sätzen ist das Verneinungswort entweder Subjekt oder Objekt. Kreuze an.

	Subjekt	Objekt
1. Je n'ai vu personne.	☐	☐
2. Rien ne lui plaît.	☐	☐
3. Ni ma mère ni mon père ne m'ont dit que je devrais venir à 11 heures.	☐	☐
4. Il n'a rien dit.	☐	☐
5. Je n'ai acheté ni les carottes ni les tomates.	☐	☐
6. Aucune de ces photos ne m'a plu.	☐	☐

2

Bringe die Wörter in die richtige Reihenfolge.

1. ne plaît ce Rien magasin. me dans

____

2. Il rien a entendu. n'

____

3. sœur Ma n' le aime géographie ni la sport. ni

____

4. mon n' porte-monnaie. vu Personne a

____

5. ne m' tennis danse ni intéressent. Ni le la

____

6. de n' a cinéma. copains envie au d'aller Aucun mes

____

3 Übersetze die folgenden Sätze.

1. Niemand ist gekommen.

____

2. Nichts gefällt ihnen.

____

3. Wir gehen heute abend weder ins Kino noch ins Theater, weil sie krank ist.

____

____

4. Er nimmt weder die grüne noch die schwarze Hose.

____

____

5. Niemand sagt mir, was passiert ist.

____

6. Keine dieser Aktivitäten interessiert Léa und Sophie.

____

____

Die Verben auf *-indre*

Präsens:	je crain**s**, tu crain**s**, il / elle / on crain**t**, nous crai**gnons**, vous crai**gnez**, ils crai**gnent**
Passé composé:	j'ai **craint**, tu as **atteint**, il / elle / on a **éteint** …
Imparfait:	j'atteign**ais**, tu atteign**ais**, il / elle / on atteign**ait** …
Futur simple:	je peindr**ai**, tu peindr**as**, il peindr**a** …
Conditionnel présent:	je me plaindr**ais**, tu te plaindr**ais**, il se plaindr**ait**, …
Subjonctif:	que je **craigne**
Imperativ:	Crains. Crai**gn**ons. Crai**gn**ez.

4 Setze die Verben in die richtige Zeit und finde das Lösungswort.

1. peindre **(Imparfait)**: il …
2. joindre **(Présent)**: il …
3. rejoindre **(Présent)**: je …
4. éteindre **(Imparfait)**: nous …
5. peindre **(Subjonctif)**: que je …
6. se plaindre **(Futur simple)**: vous vous …
7. atteindre **(Passé composé)**: j'ai …
8. joindre **(Conditionnel)**: vous …

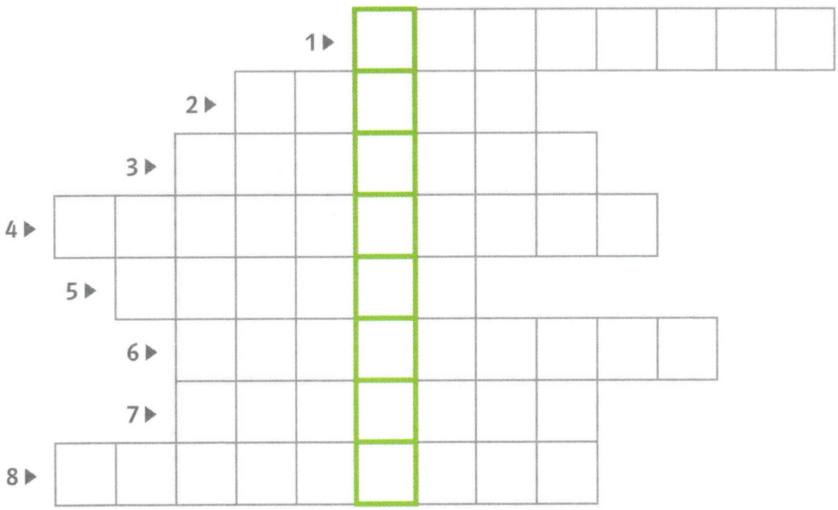

Das *Futur antérieur* (S. bleue)

Das **Futur antérieur** ist eine zusammengesetzte Zeitform und wird aus dem **Futur simple** von **avoir** oder **être** und dem **Participe passé** gebildet. Bei der Verwendung von **être** wird wie gewohnt angeglichen:

Demain soir, j'**aurai fini** mon projet pour géo.
Morgen Abend habe ich mein Geografieprojekt beendet (wörtlich: … werde ich mein Geografieprojekt beendet haben).
Quand elle **sera partie**, je serai triste.
Wenn sie abgereist sein wird, werde ich traurig sein.

Anwendung: Das **Futur antérieur** bezieht sich auf ein **Geschehen in der Zukunft, das vor einem anderen zukünftigen Geschehen oder Zeitpunkt stattfinden soll**. Im **Deutschen** steht meistens eher das **Perfekt** anstelle des **Futur II** und das **Präsens** anstelle des **Futurs**.

5

Notiere die Formen im **Futur antérieur**.

1. vouloir → tu ______________ ______________
2. se sentir → il ______________ ______________
3. être → nous ______________ ______________
4. tomber → elle ______________ ______________
5. avoir → ils ______________ ______________
6. dire → vous ______________ ______________

6

Übersetze die Sätze und verwende das **Futur antérieur**.

1. Wenn sie heute Nachmittag ihre Arbeit beendet hat, geht sie zu ihrer Freundin.

   ____

   ____

2. Heute Abend, wenn Pierre Sport gemacht hat, wird er sich besser fühlen.

   ____

   ____

3. Wenn sie morgen um 6 angekommen sind, beginnen wir unseren Videoabend.

   ____

   ____

Die Demonstrativpronomen

Du kennst bereits die **Demonstrativbegleiter**, die ein **Nomen begleiten**.

	männlich	weiblich
Singular	**ce**, **cet** (bei Substantiven, die mit einem Vokal beginnen	**cette**
Plural	**ces**	

Die **Demonstrativpronomen ersetzen** ein **Nomen** und haben wie die Demonstrativbegleiter **hinweisende Funktion**. Sie stehen **nie allein**. Entweder folgen ihnen die **Stützwörter -ci / -là**, ein **Relativsatz** mit **qui**, **que**, **dont**, **où** oder eine **präpositionale Ergänzung** (z. B. mit **de**, **pour**, **avec**, **sans**).

	männlich	weiblich
Singular	**celui**	**celle**
Plural	**ceux**	**celles**

Ce dessin me plaît beaucoup. – Tu parles de **celui-ci** ou de **celui-là**?
Tu as déjà été dans **ce restaurant**? – Oui, c'est **celui** où mes parents mangent souvent.

7 Ergänze die **Demonstrativpronomen**.

1. Quel crayon est à toi? ____________________ où ____________________?
2. Tu connais ce livre? – Oui, c'est ____________________ que j'ai lu l'année dernière.
3. Tu ne te rappelles pas de ces deux filles? Ce sont ____________________ dont j'ai parlé hier.
4. Tu vois ce garçon? C'est ____________________ qui joue si bien du piano.

8 **Demonstrativpronomen** oder **Demonstrativbegleiter**? Ergänze.

Deux filles discutent pendant la récréation …

- Tu connais ______________ jolie fille dont Pierre est amoureux?
- Je crois que oui. Ce n'est pas ______________ que nous avons vue au cinéma samedi soir?
- Mais non, pas ________________-là. C'est ________________ qui joue au tennis avec mon frère.
- Ah oui, je sais. Elle s'appelle Sandrine et elle a deux sœurs en troisième. ________________ qui chantent si bien … Si ton frère la connaît, il pourra arranger un rendez-vous pour Pierre. Dans ________________ nouveau café.
- C'est une bonne idée. On va en parler …

Die Possessivpronomen (S. bleue)

Du kennst bereits die **Possessivbegleiter mon, ma, mes**, die ein **Nomen begleiten**. Bei den **Possessivpronomen** werden der **Possessivbegleiter und** das **Nomen durch** einen **bestimmten Artikel und** das **Possessivpronomen ersetzt**. Diese **richten sich in Geschlecht und Zahl nach dem Nomen**, auf das sie sich beziehen.
C'est **ton CD**? – Non, c'est **le sien**.
Ce sont **vos CD**? – Oui, ce sont **les nôtres**.

	Singular		Plural	
Besitzer	m.	f.	m.	f.
je	le mien	la mienne	les miens	les miennes
tu	le tien	la tienne	les tiens	les tiennes
il / elle	le sien	la sienne	les siens	les siennes
nous	le nôtre	la nôtre	les nôtres	
vous	le vôtre	la vôtre	les vôtres	
ils / elles	le leur	la leur	les leurs	

9 Kreuze die passenden **Possessivpronomen** an.

1. Je peux prendre ce livre?
   – Je ne sais pas, ce n'est pas ☐ le sien. ☐ le mien.
2. Ce sont tes affaires?
   – Oui, ce sont ☐ les tiennes. ☐ les miennes.
3. Ces documents sont à vous?
   – Oui, ce sont ☐ les vôtres. ☐ les miens.
4. Notre maison se trouve près d'un fleuve.
   Et ☐ la vôtre? ☐ la nôtre?
5. Léa passe l'été avec ses parents, mais Luc n'est pas parti avec
   ☐ les siens. ☐ les leurs.

Die komplexen Relativpronomen (S. bleue)

Das Relativpronomen **lequel leitet** einen **Relativsatz ein** und wird **mit** einer **Präposition** verwendet. Die **Präposition plus eine Form von lequel** bezieht sich grundsätzlich auf **Sachen**. **Lequel** richtet sich in Geschlecht und Zahl nach dem Nomen.
Ce sont les cartons **dans lesquels** j'ai retrouvé mes tickets pour le concert.
Le livre **auquel** je pense s'appelle „Le Rêve".

Präposition	Singular	Plural
avec; sans; sur; etc.	lequel (m.) laquelle (f.)	lesquels (m.) lesquelles (f.)
zusammengesetzte Formen		
à + Grundform	auquel (m.) à laquelle (f.)	auxquels (m.) auxquelles (f.)
de + Grundform	duquel (m.) de laquelle (f.)	desquels (m.) desquelles (f.)

10

Ergänze die Sätze mit einer Form von **lequel** und der passenden **Präposition**.

1. L'histoire était toujours une matière ______________________ il s'intéressait.
2. C'était un aspect ______________________ il n'avait jamais pensé avant.
3. Il n'avait pas gagné, c'est la raison ______________________ Léo était triste.
4. Elle m'a montré les photos ______________________ on voit Louise et ses copains à la plage.
5. C'est la maison à côté ______________________ on trouve une boulangerie.

Das Verb *construire*

Präsens:	je construi**s**, tu construi**s**, il / elle / on construi**t**, nous construis**ons**, vous construis**ez**, ils construis**ent**
Passé composé:	j'ai construi**t** …
Imparfait:	je construis**ais**…
Futur simple:	je construir**ai**, tu construir**as**, il construir**a** …
Conditionnel présent:	je construir**ais**, tu construir**ais**, il construir**ait**, …
Subjonctif:	que je **construise**
Imperativ:	Construis. Construisons. Construisez.

Ebenso: conduire *(fahren)*, **détruire** *(zerstören)*, **traduire** *(übersetzen)*

11

Übersetze die folgenden Formen und notiere die Zeitform in Klammern.

1. ich übersetzte ______________________ (____________)
2. wir sind gefahren ______________________ (____________)
3. sie würden zerstören ______________________ (____________)
4. er wird bauen ______________________ (____________)
5. du übersetzt ______________________ (____________)
6. ihr habt zerstört ______________________ (____________)

Wortschatz für Comics

12 Schreibe die französischen Entsprechungen der dargestellten Begriffe auf.

1. une ____________

2. une ____________

3. une ____________ ____________

4. un plan ____________ ____________

5. un ____________ ____________

13 Übersetze die folgenden Sätze.

1. Die Comicseite ist in Farbe.

____

2. Sie hat sechs Vignetten.

____

3. Der Stil ist realistisch.

____

4. Der Zeichner verwendet eine Großaufnahme, um zu zeigen, wie das Mädchen sich fühlt.

____

____

5. Er verwendet viele kräftige (lebhafte) Farben.

____

____

Neue Adjektive

14 Ergänze das Raster.

Übersetzung	männlich	weiblich
langsam		
		gaie
	fier	
lebhaft		
		sûre
	réaliste	
mild, zart		
	spécialisé	
intelligent		
		mélancolique
karikaturistisch		
		moyenne
	actuel	
eintönig		

Luft- und Raumfahrt

15 Bringe Ordnung in den Buchstabensalat und vervollständige den Text.

L'______________________ **(rteuatéaqinuo)** est depuis longtemps une passion française et on trouve beaucoup de ________________ **(inpesnroi)** qui ont essayé de réaliser ce rêve de ______________ **(roevl)**.

Clément Ader par exemple construit la première machine à moteur avec laquelle il réussit à ________________ **(elélrdoc)** en 1890 pour à peu près cinquante mètres. C'est le début de l'________________ **(anoiivta)** française. Après un développement énorme, la première ________________ **(rtesaérev)** de la Méditerranée a lieu en 1919. Après la Première Guerre mondiale, on vole entre les continents et les ______________ **(osptlei)** qui travaillent par exemple pour l'____________________ **(Aptsaolreoé)** doivent être ____________________ **(acgrxuueo)**. Antoine de Saint-Exupéry, pilote et écrivain connu, perd la vie en 1944. Un pilote ennemi l'a probablement ____________ **(éut)**.

L'aviation moderne ne s'arrête pas et l'______________ **(peecsa)** est un nouveau projet. Dans les années 70, les Européens créent l'agence ________________ **(aastelpi)** ESA et c'est la naissance des ______________ **(eéfssu)** Ariane qui envoient des satellites dans l'espace. Et l'histoire de l'aéronautique continue …

Wortfamilien

16 Suche zu den vorgegebenen Vokabeln Wörter der gleichen Familie.

Beispiel: la motivation → verbe: motiver

1. écrire → nom: ______
2. un constructeur → verbe: ______
3. l'actualité → adjectif: ______
4. inventer → nom: ______
5. transporter → nom: ______
6. un correspondant → verbe: ______
7. un vol → verbe: ______
8. passionnant,e → nom: ______
9. génial,e → nom: ______
10. un vendeur → verbe: ______
11. traverser → nom: ______
12. ennuyeux,se → verbe: ______

Neue Verben

17 Setze die passenden Verbformen der Verben **plaindre**, **atteindre**, **rejoindre** und **craindre** ein.

plainte | atteint | rejoignons | craint | rejoint

crains | atteignez | craignent

1. Vous ______________________ sûrement une hauteur de 20 kilomètres avec un ballon à l'air chaud.
2. Elle s'est ______________________ de trop de contrôles à l'école.
3. Ils ont ______________________ le groupe à midi.
4. Louis Blériot ______________________ l'Angleterre en avion le 25 juillet 1909.
5. Les pionniers de l'aviation n'ont ______________________ aucun danger.
6. Nous ______________________ nos copains au café ce soir.
7. Je ______________________ de ne pas avoir tout compris.
8. Ils ______________________ de rater le bus.

Personenbeschreibung und Charakter

18 Schreibe die französischen Entsprechungen der folgenden Begriffe ins Raster.

1. der Charakter	le
2. das Gesicht	le
3. ein Schnurrbart	un
4. ein Portrait	un
5. ein Genie	un
6. ein Erfinder	un
7. sich niederlassen	s'
8. jdn zum Lachen bringen	
9. eine Leidenschaft	une
10. eine Brille	des
11. eine Krise	une
12. ein Dichter	un
13. sich langweilen	s'
14. sich beruhigen	se
15. der Wert	la
16. etw. trüben, beeinträchtigen	

Hören und verstehen

19
15

A Max ist im Musée des Frères Lumière in Lyon und schaut sich einen Film an. Höre dir konzentriert an, was erzählt wird.

B Lies die unten stehenden Sätze und hör dir erneut den Text aufmerksam an. Kreuze an, welche Aussagen korrekt sind.

1. Le 28 décembre 1897, les frères Lumière montrent leur nouvel appareil au public. ☐
2. Le nouvel appareil s'appelle le cinématographe. ☐
3. L'appareil pouvait filmer et montrer des mouvements. ☐
4. La présentation du premier film coûtait 5 francs. ☐
5. 50 personnes sont venues voir le premier film. ☐
6. D'autres gens étaient curieux de voir la présentation. ☐
7. Aujourd'hui, nous serions aussi fascinés par ces premiers films. ☐
8. Les films ont montré une scène au théâtre. ☐
9. Les spécialistes parlent du premier film d'horreur. ☐

Hören und schreiben

20 16

Hör dir den Text an und vervollständige die Mitschrift.

Boris Vian, ________________, ingénieur et musicien est aujourd'hui reconnu comme un ______________ du 20e siècle. Mais dans les années 50, Boris Vian était surtout connu pour son ______________________ et certains de ses textes étaient mêmes interdits, comme par exemple la chanson «Le ____________________» qu'il a écrite au début de la ________________________________ en 1954 pour _____________________ contre cette guerre. Boris Vian était aussi un ________________ qui utilisait les mots comme une ________________ et qui jouait surtout avec eux. C'est pourquoi ses romans sont parfois difficiles à comprendre. Mais aujourd'hui, son roman «L'écume des jours» qu'il ______________________ en 1947, est devenu un classique de la littérature française. Une des autres _____________________ de Boris Vian était la musique. Et depuis 1972, il y a le Prix Boris Vian qui est donné chaque année au meilleur album de ________________ français.

Informationen entnehmen

21 a Pascal berichtet in einem kurzen Aufsatz von einem beeindruckenden Ferienerlebnis. Lies den Text.

Pendant les vacances, je suis allé visiter la Cité de l'Espace à Toulouse avec mes parents et ma sœur. J'ai toujours voulu y aller parce que depuis que je suis tout petit l'aéronautique me fascine. Quand j'avais sept ans, je rêvais déjà de devenir cosmonaute. Enfin, nous y sommes allés en famille! On est arrivés à 10 heures et il y avait déjà beaucoup de monde à l'entrée. Nous avons dû attendre une demie-heure pour entrer. Mais si on était arrivés à midi, ça aurait été encore plus long …

Mais quand nous sommes rentrés, c'était vraiment super! Nous avons d'abord visité la fusée Ariane 5 qui est aussi haute que l'originale, 53 mètres. Ce qui m'a intéressé le plus, c'était le modèle de la station spatiale MIR. On pouvait très bien s'imaginer comment se sentaient les cosmonautes russes lorsqu'ils étaient sur orbite. Ensuite, nous sommes allés au planétarium où on pouvait voir des films très réalistes sur l'univers et les mouvements des satellites dans l'espace. Mais il y avait beaucoup d'expositions et ce n'était pas possible de tout voir en une seule journée. Nous n'avons vu ni le stellarium ni le terradom. Dommage … Il faut absolument qu'on revienne l'année prochaine! Et une chose est sûre, personne ne s'ennuiera!

b Beantworte die folgenden Fragen.

1. Qu'est-ce que la famille de Pascal a visité pendant les vacances?

___

2. Qu'est-ce que Pascal voulait devenir quand il était petit?

___

3. Combien de temps Pascal et sa famille ont-ils dû attendre pour entrer?

___

4. Qu'est-ce qu'ils ont visité en premier?

___

5. Qu'est-ce qui l'a intéressé le plus?

___

6. Où est-ce qu'ils sont allés à la fin?

___

7. Pourquoi est-ce que Pascal pense qu'il faut revenir?

___

___

Unité 1

1

1., 3., 4., 7.

2

j'**avais téléphoné**
tu **avais fini**
ils **étaient venus**
nous **nous étions réveillé(e)s**
il **avait vu**
vous **aviez rencontré**
elle **était arrivée**

3

1. Quand Sophie est arrivée, les autres **étaient** déjà **partis**.
2. Julien était très fatigué parce qu'il **n'avait pas bien dormi**.
3. Mes parents ont dit qu'ils **avaient vu** le film deux fois.
4. Quand sa mère est revenue, Luc **avait rangé** sa chambre.
5. Elle **s'était** bien **reposée** pendant les vacances.
6. Elle n'a pas pu acheter le livre parce qu'elle **n'avait pas emmené** assez d'argent.

4

1. C'est vous qui **avez** un chat?
2. C'est moi qui **ai participé** au festival.
3. Ce sont elles qui **m'ont appelé**.
4. C'est lui qui **a retrouvé** mon livre.

5

1. **Ce sont** mes amies Chantal et Florence **qui** ont organisé la fête.
2. **C'est** cette photo **qui** me plaît le plus.
3. **C'est** devant l'entrée de l'école **que** j'ai retrouvé mon porte-monnaie.
4. **C'est** avec Julie **que** je vais sortir samedi soir.
5. **Ce sont** les films d'amour **que** je préfère.

6

1. Non, **ce sont mes copines qui ont envie de voir le film de Brad Pitt.**
2. Non, **c'est moi qui ai déjà vu «Royal de Luxe».**
3. Non, **ce sont mes amis qui s'intéressent au théâtre.**
4. Non, **c'est avec leur frère qu'ils vont au festival.**
5. Non, **c'est au printemps que le Festival de Cannes a lieu.**

7

1. Dépêche-toi.
2. Fais-les.
3. Prépare-le.
4. Aide-la.
5. Parle-lui
6. Vas-y.

8

1. Ne le regarde pas.
2. N'y va pas.
3. N'en parlons pas.
4. Ne nous attendez pas.
5. Ne m'appelle pas ce soir.

9

1. Nous avons vu un film intéressant **dont les acteurs sont très connus**.
2. J'ai acheté les livres **dont j'avais besoin**.
3. Jeanne a rencontré plusieurs acteurs **dont elle a oublié les noms**.
4. C'était un festival **dont on va se souvenir**.

10

Les deux films **que** j'ai achetés et **qui** n'étaient pas très chers sont intéressants. L'histoire du premier **dont** je me souviens bien est un peu compliquée. Il est question d'une belle femme **que** tous les hommes adorent. Tout cela se passe dans une petite ville italienne **que** personne ne connaît.
Le deuxième film **qui** coûtait 9,99 € avait beaucoup plu à la critique **qui** avait parlé d'un film exceptionnel. Le jeune réalisateur **dont** j'ai oublié le nom était né à Cannes. Cette ville **que** je connais très bien l'a sûrement inspiré parce que l'atmosphère joue un rôle important dans cette histoire.

11

1. un réalisateur, une réalisatri**c**e
2. un ju**r**y
3. un j**o**urnaliste
4. une compét**i**tion
5. un de**s**sin animé
6. une cam**é**ra
7. un spec**t**ateur, une spectatrice
8. un grand cou**t**urier
9. un photograph**e**

Lösungswort: la **Croisette**

12

1. suivant
2. internationaux
3. géant
4. ancienne
5. médiatique
6. étrangère
7. haute
8. nue

13

1. auprès de
2. en bas de
3. par hasard
4. autant de

14

1. se promener
2. s'adresser à qn
3. un souvenir
4. réserver
5. un mélange
6. réaliser
7. un renseignement
8. connaître

15

1. Qu'est-ce qu'on peut faire ici?
2. Pourriez-vous me dire où je peux trouver le musée?
3. Pourriez-vous me dire combien ça coûte?
4. Combien de temps dure le spectacle?
5. Quand est-ce qu'on peut visiter le château?
6. Pourriez-vous me dire s'il s'agit d'un festival qui s'adresse aussi aux jeunes?

16

Julien: Comment est-ce que tu as trouvé le film?

Lisa: Super! L'histoire est triste, mais en même temps c'est drôle. C'est vraiment l'horreur quand quelqu'un comme Philippe ne peut plus bouger après un accident.

Julien: Ah oui, et ça change toute ta vie, même quand on est très riche. C'est vraiment un drame!

Lisa: Mais quand il rencontre Driss, sa vie change énormément.

Julien: Oui, il aide Philippe parce qu'il reste toujours cool ou presque … La première fois qu'il devient vraiment nerveux, c'est au moment où ils prennent l'avion parce qu'il ne l'avait jamais fait avant. Comme il a grandi dans la banlieue dans une famille qui n'a jamais eu beaucoup d'argent, ils n'ont jamais pris l'avion pour les vacances.

Lisa: Mais il faut dire que ce sont les deux, Driss et Philippe, qui profitent l'un de l'autre, même s'ils ont une vie totalement différente. Et c'est ce qui m'a plu dans le film. Philippe s'intéresse par exemple à la musique classique et à l'art moderne.

Julien: Oui, c'est ce que Driss découvre grâce à lui et ce qu'il commence à aimer. Comme cela n'a jamais joué un grand rôle chez lui, c'est un nouveau monde qui s'ouvre à lui …

Lisa: Oui, et Driss encourage Philippe quand il ne va pas bien et lui redonne toujours de l'espoir quand il organise par exemple un rendez-vous avec une femme.

Julien: Voilà une fin heureuse.

Lisa: Presque heureuse, parce que la vie reste quand même dure …

Julien: C'est vrai.

Lisa: On peut peut-être proposer le film à Anne et Sophie la semaine prochaine et revoir le film ensemble. Qu'est-ce que tu en penses?

Julien: C'est une bonne idée. C'est vraiment un film qu'on peut regarder plusieurs fois parce que la prestation des acteurs est vraiment géniale!

Richtig: Sätze 1, 3, 6, 7, 8

17

1. Il a acheté son film préféré. **(Pc)**
2. Nous nous sommes rencontrés par hasard. **(Pc)**
3. Elle l'avait remarqué au café. **(Pp)**
4. Luc et Maria ont mangé toutes les oranges. **(Pc)**
5. Ils s'étaient renseignés auprès de l'Office de tourisme. **(Pp)**
6. Un réalisateur inconnu a gagné la Palme d'or. **(Pc)**

18

Depuis 1999, le **festival** des *Z'accros d'ma rue* **a lieu** au mois de juillet à Nevers. Tous les ans, plus de 50 **troupes** des arts de la rue **se donnent rendez-vous** ici pour présenter leurs programmes. Elles y proposent des **prestations** tout à fait différentes de **théâtre**, de cirque, de danse, mais aussi des **défilés** et des concerts. La plupart de ces spectacles sont **gratuits**. Le festival dure une semaine et **s'adresse** à tous les publics.

19

b *Lösungsvorschläge:*

1. Le projet s'adresse aux élèves de seconde français et allemands.
2. On présente un film allemand aux élèves français et un film français aux élèves allemands.
3. Les élèves apprennent à analyser et critiquer un film et ils en discutent ensemble.
4. Six classes par pays participent au projet.
5. Cinq jeunes français et allemands font partie du jury et un réalisateur professionnel en est le président.
6. Cette rencontre a lieu au cours de festivals professionnels du film.

Unité 2

1

1. nous mangerons **(FS)**
2. vous mangeriez **(CP)**
3. je voudrais **(CP)**
4. nous pourrions **(CP)**
5. tu ferais **(CP)**
6. ils gagneront **(FS)**
7. on pourra **(FS)**
8. j'aurai **(FS)**

2

Infinitiv	Stamm des Futur simple	Conditionnel présent
parler	parler-	je parlerais
manger	manger-	tu **mangerais**
faire	fer-	il **ferait**
aller	ir-	nous **irions**
savoir	**saur-**	vous **sauriez**
pouvoir	**pourr-**	ils **pourraient**
envoyer	**enverr-**	j'**enverrais**
vouloir	**voudr-**	tu **voudrais**
acheter	**acheter-**	il **achèterait**
être	**ser-**	nous **serions**
devoir	**devr-**	vous **devriez**
venir	**viendr-**	ils **viendraient**

3

1. Passer une année en France – ce **serait** génial!
2. J'**apprendrais** la langue française très vite et je pense que je **trouverais** beaucoup de nouveaux amis.
3. Peut-être que j'**irais** à l'école avec eux ou je **travaillerais** pour DeutschMobil.
4. Je suis convaincu que ce travail me **plairait** beaucoup.
5. Bien sûr que ma famille et mes amis me **manqueraient**, mais je suis sûr qu'ils m'**appelleraient** de temps en temps.
6. Et avec l'Internet, il n'y **aurait** aucun problème.
7. Je leur **enverrais** des mails et des photos chaque semaine.
8. Oui, une année en France, ce **serait** vraiment très cool!

4

1. Si c'**était** possible, j'irais en France pour améliorer mon français.
2. Si j'avais l'argent, j'**achèterais** une nouvelle valise pour le voyage.
3. J'**appellerais** ma famille d'accueil si j'avais leur numéro de téléphone.
4. Si mes parents **voulaient** me rendre visite en France, ils pourraient même venir en train.

5

	je / j'...	tu...
manger	aurais mangé	aurais mangé
venir	**serais venu(e)**	serais venu(e)
être	**j'aurais été**	**aurais été**
	nous	vous
mettre	**aurions mis**	**auriez mis**
pouvoir	**aurions pu**	**auriez pu**
vouloir	**aurions voulu**	**auriez voulu**
	il / elle	ils / elles
savoir	**aurait su**	**auraient su**
venir	**serait venu(e)**	**seraient venu(e)s**
faire	**aurait fait**	**auraient fait**

6

1. Si seulement je lui avais demandé, elle **serait venue** un peu plus tôt.
2. Si elle avait passé trois mois à l'étranger, **elle aurait eu** de meilleures notes en français au bac.
3. Si tu m'avais demandé, je **serais allé(e)** au cinéma avec toi pour voir «Intouchables».
4. Si les autres n'avaient pas mangé toutes les pizzas, ils **n'auraient pas eu** faim.
5. Si nous avions eu assez d'argent, nous **aurions acheté** plus de fringues.
6. S'il en avait entendu parler avant, il **aurait participé** au programme Brigitte Sauzay.

7

2., 4., 5., 6.

8

1. **S'intéressant** à la France, elle aimerait bien faire un stage à Paris.
2. Julie, **ayant fait** beaucoup pour l'échange, organise une soirée allemande.
3. **Ne voulant pas** se sentir seule, elle a décidé d'habiter en coloc.
4. **Ayant passé** deux ans à Montpellier, elle n'a presque plus d'accent.
5. Driss, **venant d'un quartier pauvre** de Paris, est au chômage.

9

1. Bonjour Madame, **asseyez-vous**, s'il vous plaît.
2. Restez **assis,** les enfants.
3. Regarde les gens qui **sont assis** devant la tour Eiffel.
4. Je **m'assois** à côté de ma meilleure amie.

10

1. Vienne
2. adolescent
3. employé
4. chômage
5. étudiants
6. Noël

Lösungswort: travailler

11

Salut, je m'appelle Maria et j'ai passé quelques mois en France avec le **programme** Sauzay. C'était vraiment un grand **plaisir**. J'étais en Languedoc-Roussillon, une région qui est **située** au sud de la France, au bord de la **Méditerranée**. Quand j'ai posé ma **candidature** pour le programme Sauzay, je n'étais pas très optimiste, mais j'ai eu de la chance. Dès le **début** tout le monde était très sympa, surtout ma famille d'**accueil**. Pour moi, vivre en **colocation** n'était pas une option – c'est pas mon truc! Je peux vous donner seulement un **conseil**. Allez à l'étranger et faites vos propres **expériences**.

12

1.b); 2.c); 3.a/d); 4.f); 5.a/d); 6.e)

13

1. Airbus est une grande **entreprise** internationale.
2. Après avoir posé ma candidature à Airbus, ils m'ont invité à un **entretien d'embauche**.
3. Malheureusement, on ne lui a pas donné l'emploi: il a eu **un refus**.
4. Si on veut parler sans **accent**, il faut passer quelques mois à l'étranger.
5. Je n'habite pas seul, j'ai deux **colocataires**.

Lösungswort: un plaisir

14

1. Pourriez-vous me donner un conseil?
2. Asseyez-vous, s'il vous plaît. / Assieds-toi, s'il te plaît.
3. Je cherche un colocataire depuis quelque temps.
4. Je sais réparer / Je suis capable de réparer des vélos.
5. J'ai un entretien d'embauche en juillet.

15

une entreprise
une employée
des études
signer
une candidature
un stage
un(e) ingénieur(e)
un refus
le travail
un cv

16 Julie participe au programme Brigitte Sauzay et passe trois mois à Dollern, un petit village au nord de l'Allemagne, dans une région qui est située près de Hambourg qui s'appelle *Altes Land*. Cette région est surtout connue pour sa culture des pommes. Julie appelle sa mère sur Skype et parle de son expérience.

Julie: Salut maman!

Mère: Salut chérie, comment vas-tu? Comment est ta famille d'accueil, les Schulz?

Julie: Tout le monde est très gentil et ma chambre est super grande et très jolie. Attends … je vais bouger mon ordinateur un peu … tu peux me voir?

Mère: Oh oui, c'est très sympa. Et il y a même un piano.

Julie: Oui, c'est celui d'Emilia, la fille des Schulz. Elle joue du piano … Elle a le même âge que moi et nous nous entendons très bien. Elle aime aussi les chevaux, comme moi. Et les Schulz ont un chien, il s'appelle Olli et il est super mignon, mais il aime mes chaussures. Et tu sais quoi? Ils ont un petit fils de deux ans, Levi. Alors, Emilia et moi, nous pouvons faire du baby-sitting de temps en temps.

Mère: Je suis très heureuse pour toi mon chou. Et comment est-ce que ça va à l'école pour toi?

Julie: Bof, ça va. C'est encore un peu difficile parce que je ne comprends presque rien. Ils parlent tellement vite … C'est hyper dur de les comprendre avec leur accent. Mais je suis dans la même classe qu'Emilia et elle peut m'aider. Et les cours finissent à une heure 10! C'est génial, non? Nous avons tout l'après-midi pour nous.

Mère: Vous n'avez pas de devoirs?

Julie: Si, mais quand même c'est beaucoup mieux que chez nous. Nous avons encore du temps pour faire du sport. Cet après-midi, j'ai fait du cheval avec Emilia, c'était super cool!

Mère: Alors, j'ai l'impression que tu as vraiment de la chance avec les Schulz.

Julie: Oh oui! Ce week-end on va rendre visite aux grands-parents et on va faire un grand barbecue dans leur jardin. Ils font souvent des barbecues, les Allemands. Bon ben, je dois y aller. Je t'aime maman, à bientôt! Donne un bisou à papa.

Mère: A bientôt chérie. Je t'aime aussi.

	vrai	faux
1. Julie participe au programme Brigitte Sauzay et passe un mois en Allemagne.	☐	☒
2. La région où elle passe son séjour se trouve près de Berlin.	☐	☒
3. Emilia, la fille des Schulz, joue du piano et aime les chevaux.	☒	☐
4. Julie ne se sent pas bien chez les Schulz.	☐	☒
5. Emilia a une petite sœur.	☐	☒
6. Julie a encore des problèmes à l'école parce qu'elle a un accent.	☐	☒
7. Julie aime les horaires à l'école allemande.	☒	☐

17

1. ils ont mangé **(passé composé)**
2. ils auraient fait **(conditionnel passé)**
3. nous savions **(imparfait)**
4. ils iront **(futur simple)**
5. nous pourrions **(conditionnel présent)**
6. vous pourrez **(futur simple)**
7. nous aurions pu **(conditionnel passé)**
8. il a voulu **(passé composé)**
9. ils mangeaient **(imparfait)**
10. ils ont fait **(passé composé)**

18

Si j'avais l'occasion, j'irais en Allemagne pour participer à un programme d'échange. Et si mes parents étaient d'accord, j'habiterais chez les Neuman, ce sont des amis de mon père. Je suis sûr que je m'entendrais bien avec leurs enfants. On pourrait faire beaucoup de choses ensemble et ce serait un moyen rapide pour faire des progrès en allemand. Et toi? Tu pourrais vivre loin de tes parents et de tes amis? Ce serait une expérience géniale!

19

	vrai	faux
1. Julien souhaiterait trouver un job en Allemagne.	☐	☒
2. Comme Julien vient d'Alsace, il parle déjà très bien l'allemand.	☐	☒
3. S'il le pouvait, il aimerait travailler plus tard pour Airbus.	☒	☐
4. Pour Julien, aller en Allemagne, ce serait seulement un moyen pour faire des progrès rapides en allemand.	☐	☒
5. Les parents de Julien ont aussi passé une année à l'étranger.	☐	☒
6. Julien pense qu'un séjour à l'étranger est une bonne expérience.	☒	☐
7. Julien a un peu peur pour son séjour en Allemagne.	☒	☐
8. Il aimerait participer au programme pour pouvoir rencontrer aussi de nouveaux amis.	☒	☐

Unité 3

1

Il faut que / qu'…

1. faire → je **fasse**
2. manger → tu **manges**
3. pouvoir → elle **puisse**
4. parler → ils **parlent**
5. être → je **sois**
6. prendre → tu **prennes**
7. venir → nous **venions**
8. savoir → que tu **saches**
9. avoir → nous **ayons**
10. aller → vous **alliez**

2

Subjonctif-Auslöser: 1., 3., 4., 5., 9., 10., 11., 12.

3

1. ait; 2. parliez; 3. sont; 4. peut; 5. comprenne; 6. ayez; 7. connaisse; 8. fasse; 9. peuvent; 10. vienne

4

1. nous nous battons; 2. elle se bat; 3. ils se battent; 4. je me bats; 5. vous vous battez

5 1. convaincu(e); 2. convaincre; 3. convainquez; 4. convainque; 5. convaincrons

6 1. Subjekt; 2. Objekt; 3. Subjekt; 4. Objekt; 5. Objekt

7 1. Qu'est-ce que…; 2. qu'est-ce qui…; 3. Qu'est-ce que…; 4. Qui est-ce qui…; 5. qu'est-ce qui…; 6. qui est-ce qui…; 7. qu'est-ce que…; 8. qui est-ce qui…

8

1. Qu'est-ce que tu veux regarder?
2. Qui est-ce que tu trouves plus cool, Benzema ou Pogba?
3. Qu'est-ce que tu vas manger ce soir?
4. Qui est-ce qui vous a montré la tour Eiffel?
5. Qu'est-ce qui t'a fasciné en France?

9

1. Qu'est-ce qui est important pour toi?
2. Qu'est-ce que tu aimes manger?
3. Qu'est-ce que tu fais (pendant) le week-end?
4. Qu'est -ce qui t'intéresse le plus, la musique ou le sport?
5. Qui est-ce que tu connais en Allemagne?

10 1. clichés; 2. bière; 3. choucroute; 4. typique; 5. esprit; 6. juger; 7. image

11 1. Deuxième / Seconde Guerre mondiale, occupé; 2. résisté à l'ennemi; 3. Traité de l'Elysée; 4. chaîne de télévision franco-allemande, coopération; 5. chancelière; 6. clichés, un sondage, Français

12 signer un traité; avoir une image positive de; occuper un pays; traverser des périodes difficiles; déclarer la guerre à qn

13 1. la réconciliation; 2. créer; 3. l'occupation; 4. résister; 5. le produit; 6. refuser; 7. se battre; 8. la mort; 9. la volonté; 10. le sentiment; 11. le jugement

Lösungswort: l'impatience

14 1. lutter = se battre; 2. la naissance ≠ la mort; 3. la paix ≠ la guerre; 4. un adulte ≠ un enfant; 5. un cliché = un stéréotype

15 1. La Seconde/Deuxième Guerre mondiale; 2. La Réunification; 3. La chute du mur; 4. Le Traité de l'Elysée

16 *Damien:* Les clichés? Pour moi, c'est tout à fait normal d'avoir des clichés. Quand je pense par exemple à un Allemand typique, je pense à un type grand et blond qui porte des «Lederhosen» et qui boit de la bière. Je sais bien que tout ça ne correspond pas du tout à la réalité, mais c'est l'image typique qu'on a dans la tête. C'est l'image donnée par les médias, par exemple à la télé ou sur Internet. Les «Lederhosen» ne sont pas typiquement allemands. C'est plutôt un truc bavarois, je crois. Mais franchement, cette idée me plaît. Quand j'imagine un Allemand qui roule en Mercedes et qui mange des saucisses et de la choucroute, ça me fait rigoler. Moi, je trouve ça drôle quand les clichés ne sont pas négatifs.

Anne: On vit dans un monde de clichés. Regardez les pubs à la télé ou sur Internet. C'est clair que les clichés rendent la vie plus simple. Tu n'as pas besoin de réfléchir. Quand un Allemand apprend par exemple que quelqu'un est français, il reçoit tout de suite une image. Ah… Il est français, il mange donc du camembert et des croissants. Mais pour apprendre à vraiment connaître une personne, il faut communiquer avec elle. Et nous ne communiquons pas assez avec nos voisins …

Sébastien: En ce qui me concerne, les clichés m'énervent beaucoup. Je viens de passer quelques mois en Allemagne avec le programme Voltaire et il m'est arrivé plusieurs fois que les gens ne comprennent pas que je déteste le fromage et que je n'aie jamais visité la tour Eiffel. Pour eux, tous les Français se promènent à Paris toute l'année avec une baguette sous le bras. Mais je viens de la Côte d'Azur, et la distance entre Nice et Paris est plus grande que celle entre Düsseldorf et Paris. Pour moi, ce sont des jugements négatifs.

Julie: Je pense que les clichés ne vont jamais disparaître. Et à mon avis, c'est bien comme ça. Je pense qu'un cliché n'est pas toujours négatif. Les clichés font partie de notre identité nationale et ils ont toujours existé. Pourquoi les changer?… Mais je suis d'avis qu'il faut toujours être ouvert et tolérant envers d'autres cultures. Je suis convaincue que voyager et aller à l'étranger aident beaucoup à apprendre à mieux se connaître et à changer son point de vue.

a texte 1 – image b; texte 2 – image d; texte 3 – image c; texte 4 – image a
b 1b); 2c); 3c); 4a)

17

1. Il faut que tu **fasses** attention! → **Subjonctif**
2. Je trouve qu'il **est** un peu bizarre. → **Indicatif**
3. J'espère que tu **viens** à la fête avec moi! → **Indicatif**
4. Ça m'énerve qu'il **soit** toujours en retard, → **Subjonctif**
5. Je suis surpris que tu **viennes** avec nous. → **Subjonctif**
6. Je pense qu'il **arrive** à huit heures. → **Indicatif**
7. Je trouve génial que tu **saches** vraiment tout! → **Subjonctif**
8. Je crois que tout **va** bien. → **Indicatif**

18

a Vokabular zum Text:
un dossier *ein Ordner; ein Heft* · **un crime** *ein Verbrechen* · **un roman à l'eau de rose** *eine Liebeschnulze* · **humilier qn** *jemanden demütigen* · **tondre** *kahl scheren* · **maudit,e** *verdammt; verflucht* · **souffrir** *leiden* · **le poids** *(hier:) die Last* · **un mensonge** *eine Lüge* · **le beau-père** *der Stiefvater*

b	vrai	faux
1. Pour le dossier de sa classe, Max présente le film «Le crime d'aimer».	x	
2. Max a choisi ce roman parce qu'il aime les histoires romantiques.		x
3. Un des thèmes principaux du livre est une histoire d'amour entre une jeune femme française et un Allemand.	x	
4. Comme toutes les histoires d'amour, c'est une belle histoire romantique.		x
5. Pendant la Deuxième Guerre mondiale, des relations entre des Françaises et des Allemands étaient interdites.	x	
6. Les mères et leurs enfants ont eu beaucoup de problèmes parce que les Français les détestaient.	x	
7. Aujourd'hui, beaucoup d'enfants maudits sont encore en vie.	x	
8. Le beau-père de Claudine, la protagoniste du livre «Le crime d'aimer», est aussi un enfant maudit.		x
9. La mère de Claudine lui a toujours dit la vérité.		x
10. Le beau-père de Claudine est en colère puisque Claudine lui a volé son identité.		x
11. Max trouve que c'est plus intéressant d'apprendre l'histoire avec des histoires vraies.	x	

Plattform

1 1. a); 2. b); 3. b); 4 c)

2
1. Je pense que ce monsieur **est** très sympa.
2. Ça m'énerve que tu **sois** toujours en retard.
3. Je crois que Jules **a** raison.
4. Je suis surpris que tu te **souviennes** encore de moi.
5. Je suis convaincu que tu **vas** y arriver.

3

a 1. **Qu'est-ce que** tu veux me dire?
2. **Qui est-ce qui** connaît le nouveau film avec Kad Merad?
3. **Qui est-ce que** tu as rencontré hier soir?
4. **Qui est-ce qui** a gagné le match?
5. **Qu'est-ce que** tu as appris aujourd'hui?

b 1. **Qu'est-ce qui** est important pour toi?
2. **Qui est-ce qui** t'a aidé?
3. **Qu'est-ce que** tu fais ce soir?
4. **Qui est-ce que** tu as rencontré?

4

Il faut que nous **battions** l'autre équipe demain! Normalement, ce sont eux qui nous **battent** toujours. Mais cette fois-ci, on va les **battre**. Il faut le faire comme les Bleus. Ils **ont battu** la Suisse 2 à 1 hier.

Je pense que Martine ne nous croit pas. Comment est-ce qu'on peut la **convaincre**? Il faut seulement dire la vérité. C'est comme ça qu'on **convainc** quelqu'un. Alors, **convainquons** Martine!

Notre prof est vraiment nul! Je n'arrive pas à **suivre** son cours. Il parle trop vite. Les élèves ne le **suivent** plus. Moi, je pense que je vais **suivre** le conseil de ma mère et répéter les verbes irréguliers à la maison.

La prof: **Asseyez**-vous s'il vous plaît! Mais Pierre, pourquoi est-ce que tu t'**assois** / t'**es assis** sur la table? Ah d'accord, tu n'as pas de chaise? Alors, tu peux t'**asseoir** à côté de Marc aujourd'hui!

5

l'espoir	→ V: **espérer**	une signature	→ V: **signer**
rencontrer	→ N: **une rencontre**	une réservation	→ V: **réserver**
offrir	→ N: **une offre**	plaire	→ N: **un plaisir**
la profession	→ A: **professionnel,le**	la garde	→ V: **garder**
motiver	→ N: **une motivation**	un enfant	→ N: **l'enfance**

6

1. un ami ≠ un ennemi
2. positif,ve ≠ négatif,ve
3. la guerre ≠ la paix
4. un bébé ≠ un adulte
5. avoir un métier ≠ être au chômage
6. connu,e ≠ inconnu,e
7. en bas ≠ en haut
8. vivre ≠ mourir
9. perdre ≠ gagner
10. avant de faire qc ≠ après avoir fait qc

7

1. Le festival **s'adresse** aux jeunes qui aiment le théâtre.
2. J'ai rencontré Julie par **hasard**.
3. Excusez-moi, le film commence à 20 heures, pas à 19 heures 30. Je me suis **trompé**.
4. A mon **avis**, ce n'est pas correct.
5. A **partir** de la semaine prochaine, je joue au tennis.

8

1. C'est toi **qui** m'as parlé de ce livre?
2. **C'est le sud de la France que** j'aime.
3. **C'est M. Dubois qui** enseigne l'allemand?
4. **C'est Pierre qui** organise la soirée franco-allemande.
5. **C'est la mère de Philippe que** j'ai rencontrée hier.

9

	[s]	[k]		[s]	[k]
un exercice	x		le cirque	x	
la chance	x		un cadeau		x
la colère		x	décider	x	
le lycée	x		la façon	x	

10

1. j'ai vu **(Passé composé)**
2. nous irons **(Futur simple)**
3. il viendrait **(Conditionnel)**
4. ils étaient **(Imparfait)**
5. vous serez **(Futur)**
6. tu es parti **(Passé composé)**
7. nous saurions **(Conditionnel)**
8. elle pourrait **(Conditionnel)**

11

Lösungsvorschläge:

1. Le festival s'adresse aux jeunes qui adorent la BD.
2. Je voudrais savoir combien de jours le festival dure.
3. Je suis content(e) que ma meilleure copine soit là quand je suis triste.
4. Il trouve génial qu'ils puissent aller au concert samedi soir.
5. Si j'avais beaucoup d'argent, je ferais un grand voyage.
6. A partir de la semaine prochaine, j'apprends les verbes irréguliers.
7. J'aimerais bien visiter la tour Eiffel.

12 **Chère** famille,
Je m'appelle Katharina Schmidt et j'ai 18 ans. Je suis **allemande** et j'habite **à** Burgdorf, une petite ville près de Hanovre avec ma famille et **nos** deux chats. **Ma** mère … Je vais encore à l'école et je **passerai** mon bac au mois de juin. Après mon séjour en France, j'**aimerais** faire des études.
Ce **que** je fais depuis longtemps, c'est du baby-sitting. J'aime bien m'occuper des enfants et **jouer** avec eux. Je m'occupe d'un petit garçon de 4 ans et de sa sœur qui **a** 7 ans. Quand les parents travaillent **tous** les deux, je passe l'après-midi ou le soir avec **les** deux. On dessine, on fait des **jeux**, je leur lis des histoires et parfois, nous allons voir mon cheval Foxi. J'ai toujours **adoré** les animaux. Avoir un chat et un cheval était mon rêve depuis que j'étais toute **petite** et je suis heureuse que mes parents **aient** réalisé ce rêve. C'est pourquoi je **passe** beaucoup **de** temps avec Foxi. Une autre activité, **c'est** chanter et bien sûr, j'aime rencontrer **mes** amis.
Je crois que travailler comme fille au pair est **une** grande chance pour apprendre **la** langue et connaître la culture **française**. J'espère que je **ferai** la connaissance de beaucoup de gens. Le séjour de fille au pair **sera** une expérience importante pour **ma** vie.

13 *Lösungsvorschläge:*
- Bonjour, excusez-moi … Je parle français. Est-ce que je peux vous aider?
- Oh, je ne sais pas comment on dit en français, mais c'est une piscine où on peut faire beaucoup de choses.
- Non, les «Südseetraumgäste» sont les gens qui font du camping ici et c'est pourquoi c'est moins cher.
- Alors, vous devez prendre un «Tagesticket». Si vous voulez passer seulement l'après-midi à l'aquaparc, vous pourriez aussi prendre le ticket pour trois heures.
- Ah non, vous ne pouvez pas y faire un pique-nique, mais il y a un bar.

14 *Lösungsvorschlag:*
Cher Pierre,
C'est super ici à St. Malo. Nous sommes souvent à la plage parce qu'il fait très beau. Nous avons aussi visité beaucoup de sites, mais c'est le Cap Fréhel qui m'a plu le plus parce que la vue était extraordinaire.
Dans trois jours, nous allons nous voir et je voudrais savoir si tout va bien. Mes parents sont très contents de faire ta connaissance. J'aimerais bien découvrir la vieille ville de Nantes, en vélo si tu en as envie … Et je ne suis jamais allé au cinéma en France. S'il y a un film intéressant en ce moment, on pourrait y aller. Qu'est-ce que tu en penses?
Je suis content de te revoir!
Salut!
Mark

Module 1

1

répondre - **en répondant**; finir - **en finissant**; être - **en étant**; avoir - **en ayant**; faire - **en faisant**; manger - **en mangeant**; commencer - **en commençant**

2

1. On comprend mieux une culture étrangère **en respectant** cette culture.
2. **En passant trois semaines au Sénégal,** Pierre a découvert la culture africaine.
3. Elle mangeait une pomme **en lisant** «Le cœur n'est pas un genou que l'on peut plier».
4. **En visitant** l'Ile de Gorée, tu vas apprendre beaucoup sur l'esclavage au Sénégal.
5. **En regardant** mon amie sénégalaise dans la cuisine, j'ai appris à préparer du Yassa Poulet.
6. **En passant** quelques semaines au Sénégal, tu vas apprendre un peu de wolof.

3

	A	P		A	P
je suis allé	x		il avait été vu		x
il a été observé		x	nous avons été contactés		x
elles sont venues	x		elle est souvent visitée		x
je serai informé		x	il était invité		x
ils ont été découverts		x	vous étiez arrivé	x	
la fête sera organisée		x	tu es tombé	x	
nous sommes partis	x		elles sont montées	x	

4

1. Au collège Darou Salam, l'allemand **est enseigné** par Malick Ndao.
2. En 2015, un échange avec la France **a été organisé** par deux profs sénégalais.
3. l'île de Gorée **est visitée** par de nombreux touristes chaque année.
4. Les repas **sont** souvent **préparés** sur un réchaud à gaz par les Sénégalais.
5. Le wolof **est parlé** par à peu près 80 % des habitants.
6. Le Yassa Poulet **est adoré** par les touristes.
7. Le Sénégal **est** souvent **appelé** le «pays de l'hospitalité» par les touristes.
8. Malheureusement, des ordures **sont jetées** sur les plages par beaucoup de gens.

5 1. vous suivez; 2. elle suit; 3. tu suis; 4. ils suivent; 5. nous suivons; 6. je suis

6 1. Ils répondirent → **Ils ont répondu**; 2. Il me dit → **Il m'a dit**; 3. ils vinrent → **ils sont venus**; 4. ils partirent → **ils sont partis**, ils se marièrent → **ils se sont mariés**; 5. elle fit → **elle a fait**

7 1. sénégalais; 2. double nationalité; 3. l'épouse; 4. une orpheline; 5. un cybercafé; 6. un proverbe; 7. partager; 8. obliger

8 un neveu, un cousin, un fils, une femme, un père, une famille, un époux, une tante, un oncle, une fille

9 1. femme; 2. nièce; 3. belle-soeur; 4. grands-parents; 5. beau-père; 6. cousin; 7. belle-mère; 8. frère; 9. neveu; 10. compagnon / (petit) copain

10 suivre un conseil; prononcer un nom; faire un choix; tomber amoureux/se; poursuivre ses études; attirer l'attention de qn; partager une chambre

11
1. l'amour → **amoureux**
2. éduquer → **l'éducation**
3. la tradition → **traditionnelle**
4. la subvention → **subvenir** à qc
5. l'existence → **exister**
6. la réaction → **réagir** à qc
7. l'obligation → **obliger** qn à faire qc
8. la suite → **suivre** qn / qc
9. l'ironie → **ironique**
10. la protection → **protéger** qn / qc
11. choisir → **le choix**

Lösungswort: une Sénégalaise

12 *Pierre:* Pour moi, l'échange avec les élèves au Sénégal a été une expérience géniale, surtout les plages qui sont très belles, mais il y avait beaucoup trop de déchets là-bas. C'est vrai que leur façon de vivre y est complètement différente, mais ça devient normal très vite. Ce qui m'a vraiment surpris, c'est le fait que les Sénégalais sont toujours gentils et qu'ils gardent toujours l'espoir d'une vie meilleure. En ce qui me concerne, je veux aussi essayer de rester plus cool. Il ne faut pas prendre les choses trop au sérieux dans la vie.

Julie: Au début, c'était très difficile pour moi. C'était la première fois que j'étais si loin de ma famille et de mes amis. Et puis, il faisait particulièrement chaud. La vie est marquée par des traditions et des conditions de vie très pauvres qui sont très différentes de nos traditions. Mais après, j'ai commencé à m'y sentir comme à la maison. Tout le monde était vraiment sympa et nos partenaires sénégalais se sont vraiment bien occupés de nous. Même les autres habitants du village étaient très sympas avec nous. A chaque fois qu'ils nous voyaient, ils nous disaient «Salut Toubab!», ça veut dire «Salut homme blanc!».

Léa: Ce que je trouvais vraiment intéressant, c'est que les Sénégalais ne font pas leurs courses au supermarché. On achète tout au marché: les fruits, les légumes et même le poisson et la viande. Mais les Sénégalais ont un grand problème avec la pollution. Ils jettent leurs déchets partout, dans la rue, sur les plages, … A mon avis, il leur faudra encore beaucoup de temps jusqu'à ce que ce problème soit réglé.

Jérôme: Je dois dire que l'échange m'a définitivement changé. Pour moi, d'autres choses sont devenues plus importantes. J'ai appris que des biens matériels comme une grande voiture ou un nouvel ordinateur ne sont pas importants. Au Sénégal, les voitures sont souvent vieilles et cassées. Et les gens que j'ai rencontrés là-bas étaient pauvres mais heureux. Pour eux, ce qui est vraiment important, c'est la vie familiale. L'argent ne compte pas. J'adore cette idée de la vie et je pense que nous Européens pourrions apprendre beaucoup de nos amis sénégalais.

a a) Müllproblem: Pierre + Julia; b) Armut: Julie + Jérôme; c) Strand: Pierre; d) Marktszene: Léa

b 1. rester un peu plus cool.
2. c'est la température qui était surtout un problème.
3. se fait des soucis à cause de la pollution au Sénégal.
4. que l'argent n'est pas important pour être heureux.

13 En **arrivant** au Sénégal, j'étais très nerveuse parce que le Sénégal me **semblait** tellement loin et différent. J'avais surtout peur des installations sanitaires qui ne correspondent pas aux standards **européens**. De plus, j'avais peur de ne pas aimer les repas **sénégalais**. En y **réfléchissant** bien aujourd'hui, je dois dire que je suis très heureuse d'avoir participé à l'échange. Oui, bien sûr que la vie en **Afrique** est différente, mais ce sont des **détails**. Après quelques jours, j'**ai réalisé** que le plus important, c'est de **partager** des instants avec des gens!

14

	vrai	faux
1. Le texte parle du voyage d'un groupe scolaire au Sénégal.	x	
2. Pendant l'échange, profs et élèves habitaient dans les mêmes familles d'accueil.		x
3. Le groupe allemand n'a pas été assez préparé à l'échange.		x
4. A Thiès, une présentation sur les différences interculturelles a été faite par les élèves allemands.	x	
5. Les élèves ont constaté qu'il n'y avait pas de grandes différences entre la culture allemande et la culture sénégalaise.		x
6. Les Allemands ont réalisé que les Sénégalais sont beaucoup plus stressés qu'eux-mêmes.		x
7. A travers ce voyage, les élèves allemands ont compris qu'en Europe on ne prenait pas le temps de vivre.	x	
8. Maintenant, les Allemands se préparent déjà à l'arrivée de leurs amis sénégalais.	x	

Module 2

1

1. Robert a dit qu'il aimerait inviter ses copains samedi soir.
2. Anne a dit qu'elle avait oublié les sardines pour la tente.
3. Manon a demandé à François s'il viendrait chez elle le lendemain.

2

1. Jeanne a demandé à Philippe s'il avait déjà acheté une tente pour le camping.
2. Philippe a répondu qu'il n'avait pas le temps, mais qu'il le ferait le lendemain.
3. Jeanne lui a demandé si elle pouvait l'accompagner.
4. Philippe a dit que ça serait super.
5. Jeanne a répondu qu'après, ils allaient présenter la nouvelle tente à leurs copains.

3

une **tente**, une **sardine**, un **marteau**, un **opinel**, un **sac à dos**, une **torche**, un **tapis de sol**, un **sac de couchage**, une **pile**

4 1. b); 2. d); 3. a); 4. e); 5. c)

5
1. Il s'est fait **sa propre opinion**.
2. Marie a cherché **un t-shirt propre** dans son armoire.
3. Ma petite sœur a dit qu'elle voulait enfin **son propre vélo**.
4. Au camping, il nous faut **des sanitaires propres**.

6
1. allumer le feu, chaud, une bouteille de gaz
2. le wifi, le smartphone, le réseau
3. une tente, un mobile home, un camping-car

7
Dans la tente, il y a des vêtements de Guillaume partout. François est énervé et **exprime** son **mécontentement**.

François: Tu n'as pas rangé tes affaires depuis notre arrivée. Ce **désordre** commence à m'énerver. Quel **bazar**!

Guillaume: Ne t'énerve pas! On est en vacances. A la maison, il faut toujours ranger, mais pas ici. Mais je te propose un **compromis**: Notre bouteille de **gaz** est **vide**. Je m'en occupe et on va préparer une soupe ce soir.

François: D'accord, tu es **responsable** de la bouteille, mais tu mets toutes tes affaires dans un coin.

8
1. application; 2. connecter; 3. tablette; 4. réseau; 5. recharger; 6. smartphone; 7. télécharger

Lösungswort: mon mot de **passe**

9
1. Malheureusement, j'ai oublié mon **appareil** photo.
2. Nous avons besoin d'une **prise** pour pouvoir utiliser la lampe.
3. J'espère qu'il pourra nous **prêter** quelques sardines pour notre tente.
4. Il faut réfléchir au **menu**.
5. La prise se trouve là-bas. Il nous faut une **rallonge** pour **brancher** la lampe.
6. La lampe ne marche plus. Il n'y a plus de **courant**.
7. Pour notre fête, une **soirée** à thème serait intéressante.
8. Il nous faut quel **matériel** pour faire du camping?

10

1. Cette sculpture est **en bois**.
2. Ce porte-monnaie **en cuir** me plaît beaucoup.
3. Les figures d'origami sont toujours **en papier**.
4. Voilà un pot de yaourt **en plastique**.
5. Les clés sont **en métal**.
6. Normalement, les t-shirts sont **en coton**.

11

a *Charlotte:* Salut, je m'appelle Charlotte. Pour moi, c'est très important de prendre l'air et d'être dans la nature. Pendant mes vacances, j'aime faire de la randonnée. Ici, en Corse, j'ai bien sûr découvert le GR20, ce sentier de randonnée célèbre. Mais ce n'est pas une simple promenade, c'est une randonnée de montagne, la plus dure d'Europe. Il faut donc vraiment être en forme. Je n'ai pas fait tout le sentier qui fait presque 180 kilomètres. Ça doit être une vraie aventure … C'est mon projet pour mes 18 ans! **(c)**

Pascal: Moi, je m'appelle Pascal et la chose la plus importante pour moi, c'est l'eau. Si je pouvais, je passerais toutes mes vacances à la mer. L'année dernière, j'ai fait de la plongée sous-marine pour la première fois et c'était très impressionnant. Alors, quelle chance de passer mes vacances en Corse! Je me suis tout de suite inscrit à un cours de plongée sous-marine et c'était super. J'ai vu des poissons de toutes les couleurs … La vie est vraiment incroyable sous l'eau. **(a)**

Léa: Bonjour, je m'appelle Léa. J'aime bien me reposer à la plage, mais mon activité préférée, c'est faire du canoë. Quand j'étais petite, je faisais souvent du canoë avec mes parents et mon frère. Alors, cet été, je passe mes vacances ici en Corse avec mes amis et on va faire un tour de canoë accompagné pendant cinq jours. C'était mon rêve et maintenant je vais le vivre: c'est mon cadeau pour mon 18e anniversaire. On va découvrir la nature et les plages de sable blanc … **(b)**

b
1. Charlotte fait **de la randonnée**.
2. Pascal fait **de la plongée (sous-marine)**.
3. Léa fait **du canoë**.

c *Lösungsvorschläge:*
1. Le GR20.
2. Pour ses 18 ans.
3. A un cours de plongée (sous-marine).
4. Des poissons de toutes les couleurs et une vie incroyable.
5. Avec ses parents et son frère.
6. Un tour de canoë accompagné pendant cinq jours.

12

1. Pierre a dit qu'il faisait toujours beau en Corse. **(I)**
2. Jeanne a remarqué que son ami Claude ne l'avait pas vue à la plage. **(Pp)**
3. Il m'a demandé si j'aimerais l'accompagner. **(C)**
4. Florence a dit qu'elle détestait faire de la randonnée. **(I)**
5. Luc a demandé à Paul où il passerait ses vacances l'année prochaine. **(C)**
6. J'ai dit que j'avais passé la plupart du temps à la plage. **(Pp)**

13

b 1. … weil sie in ihrer Landschaft einzigartig ist. 2. Beides. 3. … im Süden der Insel. 4. … seiner Natur. 5. ein Gebäck. 6. … alle.

Module 3

1

1. Objekt; 2. Subjekt ; 3. Subjekt; 4. Objekt; 5. Objekt; 6. Subjekt

2

1. Rien ne me plaît dans ce magasin. 2. Il n'a rien entendu. 3. Ma sœur n'aime ni la géographie ni le sport. 4. Personne n'a vu mon porte-monnaie. 5. Ni le tennis ni la danse ne m'intéressent. 6. Aucun de mes copains n'a envie d'aller au cinéma.

3

1. Personne n'est venu. 2. Rien ne leur plaît. 3. Ce soir, nous n'allons ni au cinéma ni au théâtre parce qu'elle est malade. 4. Il ne prend ni le pantalon vert ni le pantalon noir. 5. Personne ne me dit ce qui s'est passé. 6. Aucune de ces activités n'intéresse Léa et Sophie.

4

1. il peignait
2. il joint
3. je rejoins
4. nous éteignions
5. que je peigne
6. vous vous plaindrez
7. j'ai atteint
8. vous joindriez

Lösung: un **pionnier**

5

1. tu auras voulu
2. il se sera senti
3. nous aurons été
4. elle sera tombée
5. ils auront eu
6. vous aurez dit

6

1. Cet après-midi, quand elle aura terminé son travail, elle ira chez sa copine.
2. Ce soir, quand Pierre aura fait du sport, il se sentira mieux.
3. Quand ils seront arrivés / elles seront arrivées, demain à 6 h, nous commencerons notre soirée vidéo.

7

1. Quel crayon est à toi? **Celui-ci** ou **celui-là**?
2. Tu connais ce livre? - Oui, c'est **celui** que j'ai lu l'année dernière.
3. Tu ne te rappelles pas de ces deux filles? Ce sont **celles** dont j'ai parlé hier.
4. Tu vois ce garçon? C'est **celui** qui joue si bien du piano.

8

- Tu connais **cette** jolie fille dont Pierre est amoureux?
- Je crois que oui. Ce n'est pas **celle** que nous avons vue au cinéma samedi soir?
- Mais non, pas **celle**-là. C'est **celle** qui joue au tennis avec mon frère.
- Ah oui, je sais. Elle s'appelle Sandrine et elle a deux sœurs en troisième. **Celles** qui chantent si bien … Si ton frère la connaît, il pourra arranger un rendez-vous pour Pierre. Dans **ce** nouveau café.

9

1. le mien; 2. les miennes; 3. les miens; 4. la vôtre; 5. les siens

10

1. à laquelle; 2. auquel; 3. pour laquelle; 4. sur lesquelles; 5. de laquelle

11

1. je traduisais **(Imparfait)**; 2. nous avons conduit **(Passé composé)**; 3. ils/elles détruiraient **(Conditionnel)**; 4. il construira **(Futur)**; 5. tu traduis **(Présent)**; 6. vous avez détruit **(Passé composé)**

12

1. une bulle; 2. une planche; 3. le plan moyen; 4. le plan rapproché; 5. le gros plan

13

1. La planche est en couleur. 2. Elle a six vignettes. 3. Le style est réaliste. 4. Le dessinateur utilise un gros plan pour montrer comment la fille se sent. 5. Il utilise beaucoup de couleurs vives.

14

Übersetzung	männlich	weiblich
langsam	**lent**	**lente**
fröhlich	**gai**	gaie
stolz	fier	**fière**
lebhaft	**vif**	**vive**
(selbst)sicher	**sûr**	sûre
realistisch	réaliste	**réaliste**

14

Übersetzung	männlich	weiblich
mild, zart	doux	douce
spezialisiert	spécialisé	spécialisée
intelligent	intelligent	intelligente
melancholisch	mélancolique	mélancolique
karikaturistisch	caricatural	caricaturale
durchschnittlich	moyen	moyenne
aktuell	actuel	actuelle
eintönig	monotone	monotone

15

L'**aéronautique** est depuis longtemps une passion française et on trouve beaucoup de **pionniers** qui ont essayé de réaliser ce rêve de **voler**. Clément Ader par exemple construit la première machine à moteur avec laquelle il réussit à **décoller** en 1890 pour à peu près cinquante mètres. C'est le début de l'**aviation** française. Après un développement énorme, la première **traversée** de la Méditerranée a lieu en 1919. Après la Première Guerre mondiale, on vole entre les continents et les **pilotes** qui travaillent par exemple pour l'**Aéropostale** doivent être **courageux**. Antoine de Saint-Exupéry, pilote et écrivain connu, perd la vie en 1944. Un pilote ennemi l'a probablement **tué**.
L'aviation moderne ne s'arrête pas et l'**espace** et un nouveau projet. Dans les années 70, les Européens créent l'agence **spatiale** ESA et c'est la naissance des **fusées** Ariane qui envoient des satellites dans l'espace. Et l'histoire de l'aéronautique continue …

16

1. un écrivain
2. construire
3. actuel,le
4. un inventeur / une invention
5. le transport
6. correspondre
7. voler
8. la passion
9. le génie
10. vendre
11. la traversée
12. s'ennuyer

17

1. Vous **atteignez** sûrement une hauteur de 20 kilomètres avec un ballon à l'air chaud.
2. Elle s'est **plainte** de trop de contrôles à l'école.
3. Ils ont **rejoint** le groupe à midi.
4. Louis Blériot **atteint** l'Angleterre en avion le 25 juillet 1909.
5. Les pionniers de l'aviation n'ont **craint** aucun danger.
6. Nous **rejoignons** nos copains au café ce soir.
7. Je **crains** de ne pas avoir tout compris.
8. Ils **craignent** de rater le bus.

18

1. der Charakter	le **caractère**	9. eine Leidenschaft	une **passion**
2. das Gesicht	le **visage**	10. eine Brille	des **lunettes**
3. ein Schnurrbart	un **moustache**	11. eine Krise	une **crise**
4. ein Portrait	un **portrait**	12. ein Dichter	un **poète**
5. ein Genie	un **génie**	13. sich langweilen	s'**ennuyer**
6. ein Erfinder	un **inventeur**	14. sich beruhigen	se **calmer**
7. sich niederlassen	s'**installer**	15. der Wert	la **valeur**
8. jdn zum Lachen bringen	**faire rire qn**	16. etw. trüben, beeinträchtigen	**troubler**

19

Le 28 décembre 1895, les frères Lumière ont montré pour la première fois un nouvel appareil qu'ils avaient inventé: le cinématographe qu'ils allaient présenter au public du «Grand Café» à Paris. Ils étaient très fiers de cet appareil. Grâce à lui, ils avaient enfin réalisé ce rêve de filmer et de montrer des mouvements. L'entrée pour la présentation coûtait 1 franc. Finalement, il n'y a eu que 35 personnes qui sont venues… Mais les gens étaient fascinés et en ont parlé aux autres qui étaient aussi très curieux de voir ce qu'on pouvait voir au «Grand Café». Voilà, le cinéma était né.
Aujourd'hui, nous ne serions pas vraiment fascinés par ce film en noir et blanc qui durait une minute. La caméra filmait seulement des scènes de la vie avec l'entrée d'un train dans une gare. Mais ce film à l'époque avait fait très peur au public. Les spectateurs croyaient que le train rentrait dans la salle de cinéma. Les spécialistes du cinéma parlent du premier film d'horreur!
B *Lösung:* Sätze 2, 3, 6, 9

20

Boris Vian, **écrivain**, ingénieur et musicien est aujourd'hui reconnu comme un **génie** du 20e siècle. Mais dans les années 50, Boris Vian était surtout connu pour son **engagement** et certains de ses textes étaient même interdits, comme par exemple la chanson «Le **déserteur**» qu'il a écrite au début de la **guerre d'Algérie** en 1954 pour **protester** contre cette guerre. Boris Vian était aussi un **poète** qui utilisait les mots comme une **arme** et qui jouait surtout avec eux. C'est pourquoi ses romans sont parfois difficiles à comprendre. Mais aujourd'hui, son roman «L'écume des jours» qu'il **a publié** en 1947, est devenu un classique de la littérature française. Une des autres **passions** de Boris Vian était la musique. Et depuis 1972, il y a le Prix Boris Vian qui est donné chaque année au meilleur album de **jazz** français.

21

Lösungsvorschläge:
1. la Cité de l'Espace à Toulouse; 2. cosmonaute; 3. une demi-heure;
4. la fusée Ariane 5; 5. le modèle de la station spatiale MIR;
6. au planétarium. 7. Ce n'est pas possible de tout voir en une seule journée.